JN028713

今さらだけど、

ちゃんと知っておきたい

「経営学」

防衛大学校 公共政策学科 准教授

佐藤耕紀

同文舘出版

はじめに

この本を手にとってくださって、ありがとうございます。

私はかれこれ20年以上、防衛大学校で経営学を教えてきました。

名刺交換をすると、「防衛大で経営学ですか？」と聞かれることがあります。防衛大は自衛隊のリーダーを育てる学校ですから、ビジネスを連想させる「経営学」にはそぐわないと思われるのかもしれません。

防衛大では自衛隊の仕事に関係する教育や訓練を行っていますが、それとともに幅広い一般教養も重視されます。大学卒業の資格を得るための教育課程では「一般大学と同じように教育する」[1]ことになっており、多くの大学で教えている「経営学」は、防衛大のカリキュラムにも入っています。

経営学では組織のマネジメントや戦略、リーダーシップについて学びますから、自衛隊のリーダーにとってもかなり役立つという話を卒業生から聞きます。

日本を代表する経営学者の野中郁次郎先生も、かつて防衛大で教鞭をとりました。野中先生が防衛大の先生らとともに執筆した『失敗の本質』[2]は、太平洋戦争での日本の敗因を分析したもので、組織論の名著といわれます。

この本を書くにあたって最初に考えたのは、マーケティングでいうターゲット（想定読者）やコンセプト、つまり、どういう性格の本にするかということでした。

世の中に、経営書やビジネス書はあふれています。ありきたりではない、この本ならではの魅力を打ち出さなければならないと思いました。経営学風にいえば、「コモディティ」にならないよう、「差別化」するということです（3-5）。

私はかねてから、経営学者の文章はともすれば難解で、実際に何の役に立つのかわかりにくい面もあると思っていました。その一方で、実務家やコンサルタントの解説は、ときとして論理性や根拠に乏しいとも感じていました。

そこで、科学的な理論に裏打ちされつつも、「わかりやすい」「役に立つ」にこだわった本をつくりたいと考えたのです。

読者にとって理想的な経営書は、短い時間で理解できて、しかも役に立つというものでしょう。そのような、読者にとってコスト・パフォーマンス（費用対効果）のよい本をつくろうと思いました。

経営学を学ぶと、どんなメリットがあるのでしょうか。

人それぞれ、人生でやりたいことはたくさんあると思います。それを実現するには、「お金」や「時間」や「知識」が必要です（10章）。そうした「資源」（1-4）が足りないために、やりたいことを満足にできないという人が多いのではないでしょうか。

経営学の基本は、「費用対効果」（効率、生産性）という考え方です。これを理解して実践すれば、短い時間で多くのことをこなして、「お金」や「時間」や「知識」を得られるでしょう。自由に好きなことができる人生に近づけるのです。

もう少し具体的にいえば、経営学を学ぶことで、「要領よく仕事をする」（1章）、「賢い判断をする」（2章）、「売上や利益を増やす」（3章）、「小さな費用で大きな成果をあげる」（4章）、「ライバルとの競争に勝つ」（5

章)、「組織のしくみを理解する」(6章)、「やる気を活かす」(7章)、「マネジメントのしくみを理解する」(8章)、「自分の価値を活かす」(9章)、「豊かな人生を切り拓く」(10章)、「生産性の高い働き方をする」(11章)、といったことのヒントが見つかるはずです。

この本では、「自分が若いころに知っていたら、きっと仕事や人生に役立っただろう」と思う経営学の知識を、できるだけわかりやすくお伝えしようと思います。

経営学を学びたい社会人や、学生のみなさんを想定読者として、ふだんの授業で話すように書こうと思います。

難しい数式のようなものはつかわず、言葉で腑に落ちるように説明したいと思います。

本の構成内容については、このあとの「目次」に詳細な見出しがあります。各章の最初でも、内容を簡単に紹介します。

それではしばらくのあいだ、経営学の話にお付き合いください。

2021年初夏 著者

1 防衛大ウェブサイト「教育課程」https://www.mod.go.jp/nda/education/academic.html

2 戸部良一・寺本義也・鎌田伸一・杉之尾孝生・村井友秀・野中郁次郎著『失敗の本質 日本軍の組織論的研究』(中央公論新社、1991年)

第3章 価格のしくみを理解して、売上と利益を増やす 「価格戦略」

第4章 相乗効果を生み、コストを下げる「多角化戦略」と「経済性」

第5章 ライバルとの戦いを勝ち抜く「競争戦略」

第8章　DX時代の組織のカタチを考える「ヒエラルキー」と「ネットワーク」

イラスト：matsu（マツモトナオコ）
カバー・本文デザイン、DTP：藤塚尚子（e to kumi）
図版製作：比恵島由理子
企画協力：NPO法人企画のたまご屋さん

第1章

経営学の基本的な考え方を学ぶ「費用対効果」

第１章では、経営学の基本を学びます。

「マネジメント」「リーダー」「意思決定」「インセンティブ」「戦略」といった経営学の基本用語について、簡単に説明します。詳しい説明はあとの章にまわしますが、最初に全体像をざっとイメージできるよう、広く浅く、いろいろな話をします。

また、「費用対効果」（効率、生産性、経済性）という、経営学で最も基本になる考え方を学びます。生物からお役所まで、さまざまな例を通して、「費用対効果」の大切さについて考えます。

Lesson 1-1

経営って、なに？

マネジメントとリーダー

経営[3]は英語でいうと「**マネジメント**」(management) です。

2010年ごろ、『もし高校野球の女子マネージャーがドラッカーの『マネジメント』を読んだら』[4]という本がベストセラーになりました。アニメや映画にもなって、人気を呼びました。

ドラッカー (Peter F. Drucker) は、最も人気のある経営学者のひとりです。そして彼の書いた『マネジメント』[5]は、最も有名な経営学の教科書のひとつでしょう。

「マネジメント」はもともと「工夫して上手にやる」という意味ですが、ここでは「組織を効率よく運営する」「活動に必要な資源を調達し、効率よく活用して、大きな価値（商品やサービス）を生み出す」ということです。その具体的な内容は多岐にわたりますが、これから少しずつお話ししていきます。

経営学は、リーダーたちの実践から生まれた

マネジメントの役割を担うのは「**リーダー**」(leader、統率者) です。「**マネジャー**」(manager、管理職) とも呼ばれます。リーダーとマネジャーの違いについては、**7-9**でお話しします。

初期の経営理論は、実際にマネジメントに携わったリーダーたちが、自分の経験をもとに考えたものでした。

『**科学的管理法**』(1911年出版)[6]のテーラー (Frederick W. Taylor) は、アメリカの製鋼会社で技師長をしていました。彼はストップウォッチを片手に、優れた作業員の動作（手順や所要時間）を研究しました。現代でいえば「**トヨタ生産システム**」のような、生産現場の効率化を考えたのです。

『産業ならびに一般の管理』(1916年出版)[7]のファヨール (Henri Fayol) は、フランスの鉱業会社の社長でした。彼は組織をうまく経営するための基本原則を示しました。とくに「**命令の統一**」(unity of command) や「**管理の幅**」

(span of control) といった考え方は、「**ヒエラルキー**」(hierarchy、階層組織) のしくみを理解するうえで重要です。これらについては、**8-5**でお話しします。

『経営者の役割』(1938年出版)[8]を書いたバーナード (Chester I. Barnard) は、アメリカの電話会社など、多くの組織で社長や役員を務めました。彼は経営理論の基礎をつくったとされる人物で、「経営学の父」と呼ばれます。彼の考えた「**組織の要素**」(elements of an organization) やリーダーの「**権威**」(authority) については、**Column 6**と**7-11**でお話しします。

Check!

☑「経済学の父」はアダム・スミス

アダム・スミス (Adam Smith) は**『国富論』**(The Wealth of Nations) の著者として有名です。『諸国民の富』とも翻訳されますが、同じ本です。

スミスは、「あたかも**『見えざる手』**(invisible hand) に導かれるように、人々の利己的な努力が、結果として社会の利益になる (こともある)」と考えました[9]。現在では、「見えざる手」は「価格メカニズム」(**2-4**) を指すと考える人も多いようです。「人々の自由にまかせれば、市場によって資源は効率的に配分される」ということです。

スミスは、「交換」(exchange) や「分業」(division of labor) が社会のなかで果たす役割についても考えました。それについては**9-4**でお話しします。

3 「経営」を意味する英語には「administration」というものもあります。MBA (経営学修士) という言葉がありますが、これは「Master of Business Administration」の頭文字をとったものです。

4 岩崎夏海著『もし高校野球の女子マネージャーがドラッカーの『マネジメント』を読んだら』(ダイヤモンド社、2009年)

5 ドラッカー著、上田惇生編訳『[エッセンシャル版] マネジメント 基本と原則』(ダイヤモンド社、2001年)

6 フレデリック W. テイラー著、有賀裕子訳『新訳 科学的管理法』(ダイヤモンド社、2009年)

7 ファヨール著、佐々木恒男訳『産業ならびに一般の管理』(未来社、1972年)

8 チェスター I. バーナード著、山本安次郎・田杉競・飯野春樹訳『新訳 経営者の役割』(ダイヤモンド社、1968年)

9 アダム・スミス著、水田洋監訳、杉山忠平訳『国富論』(岩波文庫、2000年)、第4編、第2章

Lesson 1-2

リーダーって、なに？

リーダーシップと意思決定

リーダーの役割は何でしょうか。

世の中は「分業」(**9-4**) で成り立っています。さまざまな組織や部署が、社会のなかでいろいろな役割を分担しています。組織や部署の代表として、仕事に責任をもつ人たちがリーダーです。「代表者」「責任者」ともいえます。たとえば「部活の部長やキャプテン」「会社の課長や部長」「町内会やPTAの役員」といった人たちです。読者のみなさんも、リーダーをまかせられる機会がときどきあるでしょう。

リーダーというと、まさに「**リーダーシップ**」(leadership、統率力) を発揮して、自分が決めた方向へ組織を引っ張るイメージがあるかもしれません。ときには、何が正しいのか判然としないなかで、進む道を決然と示すのもリーダーの仕事でしょう。

しかしリーダーのほとんどは、さらに上位のリーダーをもつ「中間管理職」です。日本の行政組織でいえば、各省庁の係長や課長から、大臣や首相へとつながる「**指揮系統**」(chain of command) の一部として、リーダーたちは仕事をしています。

一国の首相や大統領でさえ、G7 (先進国首脳会議) のような国際会議では、参加メンバーの1人です。大企業の社長といえども、株主総会では厳しい質問に耐えなければなりません。不祥事があれば、謝罪会見で頭を下げなければなりません。辛辣な批判にさらされることもあるでしょう。

リーダーといっても、すべてを自分の思いどおりにできるわけではありません。さまざまな「**ステークホルダー**」(stakeholder、利害関係者) の意向を踏まえて、全体的なバランスを調整するといった役割もあります。

リーダーの大切な役割は「意思決定」

リーダーの重要な仕事は、組織で起こるさまざまな問題への対応方針を決めることです。いろいろな選択肢があるなかで、どうするのが一番よいか考えて決めることを**「意思決定」**（decision making）といいます。

正しい決定をするのが、リーダーの仕事です。先の見えない**「不確実性」**（uncertainty）のなかで、何がベストか必死に考えて、タイミングを逃さず決断しなければなりません。

若い読者のみなさんは、高校までは「正解」を覚える、「正解」の出し方を学ぶ、という勉強をしてきたと思います。しかし、これからの人生で判断に悩む問題は、ほぼ「正解」のないものばかりでしょう。

たとえば本書の執筆時点で、世界は「新型コロナ」の問題に揺れています。これにどう対処すべきか、いろいろな意見があります。難しい問題では、人によって考えが違うのは当然でしょう。必死に考えて、自分なりの答えを出すしかありません。リーダーとしての決定もそうですし、人生の決断もそうでしょう。

部下ではわからないことを聞かれるわけですから、リーダーには優れた知識や判断力が求められます。難しい問題が次々と起こるなかで、つねに卓越した解決能力を示さねばなりません。プレッシャーのかかる大変な仕事でしょう。

経営学を学んだり、仕事や人生の経験を積むことで、多くの人はリーダーとしての能力を高められるでしょう。なかには、若くして天才的なリーダーシップを発揮する人もいます。生まれつきの才能や性格、育った環境ということもあるのでしょう。

リーダーの印象は、容姿や体格によっても左右されます。そうした「ハロー効果」については、7-11でお話しします。

Lesson 1-3

インセンティブって、なに？

インセンティブとモチベーション

リーダーは「**インセンティブ**」(incentive、誘因) をつかって、部下たちの行動をコントロールします。

インセンティブは「人々をある行動へと導く、報酬または罰」です。「アメ(報酬) とムチ (罰)」という言い方もします。

インセンティブは、「**モチベーション**」(motivation) を引き出す手段です。モチベーションは、行動につながる「やる気」のことです。

「馬の鼻先にニンジンをぶらさげる」といいますが、これは「ニンジンという報酬をインセンティブに、馬の走るモチベーションを高める」ということです。あるいは「お尻をムチで打つ罰をインセンティブに、馬の走るモチベーションを高める」こともあるでしょう。

「生存と繁殖」を有利にするのが「報酬」、脅かすのが「罰」

人間 (や動物) は、「**報酬**」(reward) を求め、「**罰**」(punishment) を避けます。そうした行動は大まかには遺伝的な本能に根ざしますが、生きていくなかで経験から学習します。

たとえば、赤ん坊は生まれたときから甘いものを好み、苦いものを嫌うようです[10]。甘味は「報酬」、苦味は「罰」になっているのです。

人間が適応してきた狩猟・採集時代の厳しい環境では、エネルギー (カロリー) の不足は死につながったので、甘い糖分を好むように進化したのは当然でしょう (皮肉なことに、豊かになった現代では、それが肥満や糖尿病の原因になります)。毒物には苦味のあるものが多いといわれますから、これを避けるように進化したのも理にかなっています。

「**強化学習**」(reinforcement learning) といいますが、動物は経験から学んで、快い刺激 (報酬) の機会を増やし、不快な刺激 (罰) の機会を減らすように行動します。

多くの人が興味をもつこと

多くの動物のオスと同じように、とくに男性では競争心や、立身出世へのあこがれが強い人もいるでしょう（**1-9**）。お金や権力は「生存と繁殖」に役立つ代表的なものですから、多くの人が手にしたい報酬になります。

モテようとカッコよくふるまったり、オシャレや身だしなみに気をつかうのも、身も蓋もない言い方をすれば、繁殖のためでもあるのでしょう。

人気のある映画や小説には、必ずといっていいほど恋愛の要素が入っています。動物が強く興味を示す報酬は繁殖につながるもの、人間でいえば恋愛や性にかかわるものでしょう。

他のポピュラーなテーマとしては、家族愛、友情、競争、成功、権力、闘争、逃走、恐怖、生と死などがあります。これらも「生存と繁殖」に関係することにお気づきでしょうか。

組織では、お金や地位だけではなく、「上司や仲間から認められる」「自分の成長につながる」「仕事が面白い」「雰囲気が楽しい」「やりがいがある」といったことも、モチベーションを高めるインセンティブ（報酬）になります。詳しくは、7章でお話しします。

10　デイヴィッド J・リンデン編著、岩坂彰訳『40人の神経科学者に脳のいちばん面白いところを聞いてみた』（河出書房新社、2019年）、p.238

Lesson

1-4 意思決定って、なに？

選択とトレード・オフ

リーダーの重要な仕事は「意思決定」をすることだと書きました（**1-2**）。

意思決定をするということは、「**選択**」(choice) をするということです。読者のみなさんも、人生の重要な選択に悩むことがあるでしょう。

選択というと「選ぶ」側面に注目されるかもしれません。しかし何かを選ぶということは、何かを捨てることでもあります。

たとえば、「この学校を選ぶと、他の学校へは行けない」「この会社に就職すると、他の会社には就職できない」「この人と結婚すると、他の人とは結婚できない」「ここに住むと、他の場所には住めない」といったことです。

「**トレード・オフ**」(trade off) という言葉もつかわれます。「両方をうまくやることはできない」「一方を改善するには、もう一方を悪化させなければならない」という意味です。

たとえばビジネスの世界では、「品質を高めるにはコストがかさむ」「コスト削減のために品質を落とす」ということもあるでしょう。このとき「品質」と「**コスト**」(cost、費用) はトレード・オフの関係になります。

「ブルー・オーシャン戦略」(**5-10**) のように、そうしたトレード・オフを創意工夫で解消するところに、経営戦略の醍醐味があるのかもしれません。

資源が希少だから、選択しなければならない

なぜ選択やトレード・オフが問題になるかというと、世の中の「**資源**」(resources) には限りがあるからです。

資源は「活動するための原料やエネルギー源」です。代表的なのは、鉄や石油のような天然資源でしょう。「産出」(output) を生み出すための「投入」(input) といってもよいでしょう。経済学では「**生産要素**」(factors of production) ともいいます。

なにか「効果」(成果) を出すために消費される資源を「費用」といいます。

活動から利益を生むには、つかわれる資源（費用）よりも大きな価値（効果）を生み出す必要があります。それは組織が行う事業にも、個人の生活にもいえることです。これは経営学の基本になる考え方です。

経営に必要な資源を「**経営資源**」（management resources）といいます。経営学では昔から、**ヒト**（人材）、**モノ**（物資）、**カネ**（資金）が代表的な資源とされました。カネを資金調達し、それでヒトを雇ったり、モノを購入して、事業を行うわけです。

近年は、技術やノウハウのような「**知識**」（knowledge）や、「**ブランド価値**」（brand value）といった目に見えない「**無形資産**」（intangible assets）も注目されています。「モノ」にあたる建物や設備のことは「有形資産」（tangible assets）といいます。

「**時間**」（time）も重要な資源でしょう。

資源が無限にあるのなら、選択やトレード・オフの問題は起こりません。資源を好きなだけつかって、やりたいことを全部やればいいのです。

ところが現実には、あらゆる資源には限りがあります。それを経済学では「**希少性**」（scarcity）といいます。

私もそうですが、読者のみなさんも、限られた時間やお金をどうつかうべきか、いつも悩んでいるのではないでしょうか。希少な資源を有効につかう「**資源配分**」（resource allocation）は、経営学でとても重要な問題です。

Check!

☑「戦略」(strategy)

経営学でよく出てくる言葉です。「目的を効率的に達成する」ために、内部のやりくりを考えるのが「マネジメント」、外部へ向けた行動を考えるのが「戦略」です。長期・広範囲のものを戦略と呼び、短期・局地的なものを**「戦術」**(tactics)と呼ぶこともあります。全体を俯瞰するような基本戦略を**「大戦略」**(grand strategy)ということもあります。

Lesson 1-5

費用対効果って、なに？

効率、生産性、経済性

賢い選択をして、資源を有効につかうには、どうすればよいのでしょうか。

何をするにしても得られるものと失うもの、プラス面とマイナス面があります。プラス面は活動から得られる「効果」、マイナス面はその「費用」（活動のために消費した資源）です。

たとえば「素敵なレストランで友人と食事を楽しむ」というプラス面（効果）に対して、「お金や時間が減ってしまう」というマイナス面（費用）があります。

プラス面を表す言葉には、「**効果**」（effectiveness）、「**便益**」（benefit）、「**価値**」（value）、「**効用**」（utility）、「**成果**」（performance）、「**産出**」（output）、「**収入**」（revenue）などがあります。確率的なプラス面には、「**チャンス**」（chance）、「**機会**」（opportunity）といった言葉をつかいます。

マイナス面は、「**費用**」（cost）、「**投資**」（investment）、「**投入**」（input）、「**支出**」（expenditure）といった言葉で表します。確率的なマイナス面には、「**リスク**」（risk）、「**脅威**」（threat）といった言葉をつかいます。

選択では「マイナス面に対するプラス面の大きさ」を考えるべきです。これを表す言葉としては「**効率**」（efficiency）が一般的でしょう。この本では「**費用対効果**」（cost-effectiveness）という表現をよくつかいます。

他にも「**生産性**」（productivity）、「**経済性**」（economy）、「**費用便益**」（cost-benefit）、「**投入産出比**」（input-output ratio）、「**コスト・パフォーマンス**」（cost performance、価格性能比）、「**投資効果**」（investment effect）、「**リスク便益**」（risk-benefit）など、文脈によっていろいろな表現がつかわれます。

ビジネスでは、費用と効果を金額で表す

「費用」と「効果」を同じ計量単位で表すことができれば、加減乗除のあらゆる計算ができて便利です。

図1　貸借対照表と損益計算書

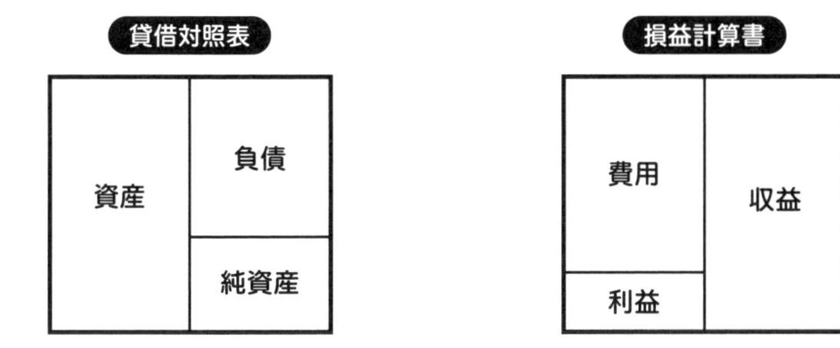

企業会計では、ある時点の「資産」(assets) や「負債」(liabilities) の状態を金額で表す「**貸借対照表**」(balance sheet、BS)、一定期間の収益や費用の状況を金額で表す「**損益計算書**」(profit and loss statement、PL) といった「**財務諸表**」(financial statements) を作成します[11]。

単純化した貸借対照表と損益計算書は、**図1**のようなものです。

貸借対照表に表されるような、ある時点の累積的な状態を「**ストック**」(stock) といいます。

資産から負債を引いた純粋な資産のことを「**純資産**」(net assets) といいます。「純」(net) というのは「差し引きした正味の」という意味です。

損益計算書に表されるような、一定期間のお金の出入りの流れを「**フロー**」(flow) といいます。入ってきた「**収益**」(revenue) から、出ていった「**費用**」(expense) を引いた残りを「**(純) 利益**」(net income) といいます。これがマイナス (赤字) のときには「**(純) 損失**」(net loss) になります。

企業の純資産は、ダムに溜まった水のようなものです。上流から流れ込む水が収益、下流へ流れ出る水が費用にあたります。流入の方が多いとき（純利益）、その分だけダムの水（純資産）は増えます。流出の方が多いとき（純損失）、その分だけダムの水（純資産）は減ります。純損失（赤字）が続いてダムの水が底をつくと「債務超過」(excessive liabilities) に陥り、倒産の危機にさらされます。

11　東洋経済ONLINE「今こそ身に付けたい、財務3表「超入門」」2020年6月26日（前編）、7月3日（後編）、https://toyokeizai.net/articles/-/357379、https://toyokeizai.net/articles/-/357612；日経XTECH「日々の記録から貸借対照表や損益計算書ができるまで」2014年4月24日、https://xtech.nikkei.com/dm/article/LECTURE/20140402/343800/

Lesson 1-6

経営の効率をどう測る?

費用対効果の実際

費用対効果を具体的に考えましょう。

みなさんが1人でラーメン店を経営しているとします。

ビジネスでいえば「効果」は売上などの収益、「費用」はそのためにつかったお金です。年間の収益(売上)が1000万円、費用が950万円だとしましょう。

費用の内訳は、食材の仕入れに300万円、人件費に300万円、水道光熱費に150万円、家賃に100万円、減価償却費に100万円だとします(**図2**)。

「減価償却」というのは聞き慣れない言葉かもしれませんが、「減価」した(価値が減った)分を費用に計上するということです。

たとえば、エアコン、冷蔵庫、テーブル、イス、食器といった備品は、数年にわたってつかうのがふつうです。そのため、こうした備品の購入費は、全額を買った年の費用にするのではなく、使用期間(耐用年数)にわたって、分割払いのように少しずつ費用にしていくことがあります。これを減価償却費といいます。

費用対効果(効率)の計算方法

さて、効率を計算するには、効果を費用で割り算します。このお店の経営効率(費用対効果)は、「(収益1000万円)÷(費用950万円)」で、約1.05という数字で表されます。

効果も費用も同じ測定単位(この場合は金額)で表されるときは、この数字が1より大きいかどうかが問題になります。このラーメン店は、社会の貴重な資源をつかって、その約1.05倍の価値を生み出したことになります。この数字が大きいほど効率的な経営で、社会に貢献することになります。

この数字が1よりも小さければ、赤字経営になります。それは「活動から生み出した価値よりも、消費した資源の価値の方が大きい」「プラス面よりもマイナス面の方が大きい」ということです。もし業績改善の見込みがないのなら、

図2　あるラーメン店の収益・費用・利益

費用 950万円	材料費 300万円	収益（売上）1,000万円
	人件費 300万円	
	水道光熱費 150万円	
	家賃 100万円	
	減価償却費 100万円	
利益 50万円		

お店をたたむ方が（店主にとっても社会にとっても）よいことになります。

ビジネスの場合は、効果も費用も同じ単位（金額）で表されるので、効果（収益）から費用を引き算することもできます（単位が違えば引き算はできません）。「(収益1000万円)－(費用950万円)」で、利益が50万円になります。この利益を収益（売上）で割った数字でも、経営効率を表すことができます。

このラーメン店の場合は、「(利益50万円)÷(売上1000万円)」で、売上に対する利益の割合（売上高利益率）は５％になります。この数字が大きいほど、効率的な経営ということになります。

複数の選択肢があるときは、費用対効果の大きいものから優先して実施します。この考え方は公共事業などで実際につかわれ、**「費用便益分析」**（cost-benefit analysis）と呼ばれます。

「費用」と「効果」の測定単位が違うときでも、同じ種類の選択肢のなかでは、費用対効果を比較できます。

たとえば自動車の「燃費」は、走行距離（効果）を、ガソリンの消費量（費用）で割り算したものです。200kmを走るのに20Lのガソリンを消費したとすれば、1Lのガソリンで10kmを走ったことになります（200km÷20L＝10km／L）。この燃費（費用対効果）をいろいろな車で比較すれば、どの車がいちばん効率よく走るかわかります。

Lesson 1-7

高いほど売れる「シーマ現象」

見せびらかし消費とヴェブレン効果

経済学者のヴェブレン（Thorstein B. Veblen）は**『有閑階級の理論』**（1899年出版）で、「**見せびらかし消費**」（conspicuous consumption）について考えました。「顕示的消費」や「誇示的消費」とも翻訳されます。今でも一般消費者への「**マーケティング**」（marketing、販売活動）に応用される考え方です。

ヴェブレンは、「ある品物が好まれるのは、ある程度まで、これ見よがしの無駄遣いであるからだ。無駄遣いであって、かつ所期の目的の役に立たないほど、役に立つとみなされるわけである[12]」と書きました。

「無駄づかいできる」のは、「あり余る財産がある」ということです。無駄づかいをひけらかすことで、自分の能力や魅力を誇示できるのです。

日本のバブル期に「シーマ現象」というものが起きました。日産のシーマという高級車が飛ぶように売れたのです。買った理由を尋ねたアンケートでは、「値段が高いから」という回答が上位にあったそうです[13]。こうした「高いほどよく売れる」という現象には「**ヴェブレン効果**」（Veblen effect）という名前がついています。

動物も見せびらかす

「見せびらかし」は動物の世界にもあります。オスがメスに美点を見せびらかして交尾へと誘う「求愛ディスプレー」（courtship display、求愛誇示）という行動が、鳥類などで知られています。

孔雀のオスはとても美しい羽根をもっていますが、あれは無駄な贅沢品ともいえます。長い羽根はすばやく動くには邪魔で、生存には不利だといわれます。

進化生物学者のザハヴィ（Amotz Zahavi）は、そういう贅沢品にコストを払っても立派に生きているという事実が、優秀な遺伝子の「正直なシグナル」（honest signals）になると考えました[14]。贅沢な羽根は、優秀な遺伝子を求めるメスに好まれるので、繁殖では有利になります。繁殖の利点が生存の不利を凌駕すると、あのような羽根が進化するというのです。こうした考えは「ハンディキャップ理論」(handicap theory) や「シグナリング理論」(signaling theory) と呼ばれています。

オスとメスで繁殖戦略は違う

動物の世界では一般に、異性をひきつけようと努力するのはオスです。鳥類では、派手な飾り羽根を見せびらかしたり、美しくさえずるのはたいていオスです。カエルやコオロギでも、鳴くのはふつうオスです。自分の存在や魅力をアピールして、メスをひきつける手段なのです。

派手な装飾や鳴き声で目立つと、天敵にも見つかりやすいので、生存には不利です。多くの動物のメスは見た目も地味で、意味なく目立つ行動はとりません。

なぜ、オスとメスの繁殖行動は違うのでしょうか。このあとで説明しますが、実はそこにも費用対効果がかかわります。オスもメスも、それぞれのおかれた状況で、繁殖の効率を最大化する戦略をとっています。

生物の行動は、動物一般については「**行動生態学**」(behavioral ecology)、人間については「**進化心理学**」(evolutionary psychology) という学問で研究されています。

生態学と経営学には、多くの共通点があります。主役が生物か組織か、目的が繁殖か利益か、という違いはあっても、「厳しい環境や競争のなかで、優れた戦略をとり、効率的に目的を達成する者が勝つ」という点では同じだからです。

人間も動物です。生物の行動原理を知ることは、人間の行動を理解する基礎にもなります。ここから1-10まで、「生存と繁殖」をめぐる動物の競争戦略についてお話ししたいと思います。

12 ソースタイン・ヴェブレン著、村井章子訳『有閑階級の理論』(筑摩書房、2016年)、p.160

13 池上彰・テレビ東京報道局編『池上彰のやさしい経済学2』(日本経済新聞出版、2013年)、p.120

14 アモツ・ザハヴィ、アヴィシャグ・ザハヴィ著、大貫昌子訳『生物進化とハンディキャップ原理 性選択と利他行動の謎を解く』(白揚社、2001年)

Lesson 1-8

オスはメスより熱心？

繁殖戦略と費用対効果

生物は、自分の遺伝子をより多く残す方向に進化します。

たとえば遠い昔、キリン（の祖先）に突然変異が起こって、首が長くなる「クビナガ遺伝子」が現れたとします（実際にはもっと複雑ですが、簡略化してお話しします）。「高い木の葉を食べられる」「ライオンを早く発見できる」「異性にモテる」など、理由は何でもよいのですが、長い首は**「生存と繁殖」**（survival and reproduction）に有利だとします（もし有利でなければ、その遺伝子は絶滅に向かうでしょう）。

そうすると、クビナガ遺伝子をもつキリンは多くの子孫を残します。遺伝子は子孫に受け継がれますから、クビナガ遺伝子をもつキリンが増えるということです。この遺伝子をもたないキリンは競争に負けてあまり子孫を残せず、数が減ります。やがて、すべてのキリンがクビナガ遺伝子をもつ（つまり、進化して首が長くなる）ことになります。

こうしたしくみで、生物はそれぞれがおかれた状況のなかで、自分の子孫（遺伝子）をより多く残す方向へと進化してきました。

交尾が終われば、オスはさよなら？

さて、霊長類も含め、多くの哺乳類では、オスは子育てにあまり参加しないのがふつうです。なぜかというと、メスだけでも子を育てられる場合は、オスは子育てを手伝うよりも、別のメスと交尾することに時間やエネルギーをつかう方が、子孫を多く残すうえでは効率がよいからです。

もちろん、それは現代先進国の道徳や良識とは相いれないでしょう。あくまでも自然界の話です。

ちなみに、「自然界で起きていることは道徳的にも正しいはずだ」という考えを**「自然主義的誤謬」**（naturalistic fallacy）といいます。「男が浮気するのは、生物学的には自然だから問題ない」といった主張です。

逆に「道徳的に正しいことは自然界でも起きているはずだ」という考えを**「道徳主義的誤謬」**(moralistic fallacy)と呼びます。「父親も子育てを手伝うべきだから、自然界ではそうなっているはずだ」といった主張です。

「誤謬」(「ごびゅう」、誤り)という名前がついているとおり、これらはいずれも間違った主張でしょう。理想と現実は必ずしも一致しません。

オスとメスで繁殖戦略が違う理由

さて、多くの動物では、オスとメスで基本的な繁殖戦略が違います。

わかりやすくヒトの場合でいうと、もしオスが毎日違うメスと交尾をすれば、年間で10人以上の子を残せる可能性があります。メスの方は、毎日違うオスと交尾をしても、年間でだいたい1人しか子を残せません。繁殖のうえでは、オスの方がいろいろな相手と交尾をする「効果」は大きいわけです。

交尾の「費用」も、オスとメスでは大きく異なります。オスにとって交尾の費用は、わずかな時間やエネルギーの消費などでしょう。「費用対効果」が大きいわけですから、オスはとても熱心に交尾をしようとします。

メスの場合は、妊娠や子育ての負担という費用があります(野生の哺乳類は母乳で子を育てるため、基本的にメスが子育てをします)。そのため、うっかり遺伝的に劣ったオスと交尾して妊娠すると、繁殖上の損失は大きなものになります。

費用対効果が小さいので、メスは交尾にそれほど熱心ではありません。慎重にオスを選び、遺伝的に優秀そうなオスとだけ交尾をします。繁殖戦略としては、オスは量を求め、メスは質を求めるといえます。

☑ クーリッジ効果

Check!

オスが多くのメスと交尾をしたがることは多くの動物で確認され、**「クーリッジ効果」**と呼ばれています。これは戦前にアメリカの大統領だったクーリッジが、農場を訪れたときに「オス鶏は1日に多くのメスと交尾できるので、1羽しか必要がない」という説明を受けた話に由来します[15]。

15 ジョン・カートライト著、鈴木光太郎・河野和明訳『進化心理学入門』(新曜社、2005年)、pp.51-52

Lesson 1-9

動物にも ヒエラルキーがある？

地位と権力闘争

オスが多くのメスと交尾をしたがり、メスはオスを選り好みするということは、メスをめぐるオスどうしの競争が激しいことになります。

生物学では、1個体のオスが多くのメスと暮らす集団を「ハーレム」(harem)と呼びます。ゾウアザラシが典型的で、文字どおりの死闘を勝ち抜いたオスが、ハーレムのメスをほぼ独占します。ライオンやチンパンジーの群れでも、地位の高いオスがかなりの割合のメスと交尾します。しかし、そうした地位を得られるのは、ごく少数のオスだけです。大多数のオスには、あまり繁殖のチャンスがないのです。

動物の群れでは、個体のあいだで「誰が偉いか」が決まってくることがよくあり、「順位制」(dominance hierarchy、優位のヒエラルキー）と呼ばれます。順位の決まり方は種によって違いますが、多くの場合は「ケンカの強さ」(体の大きさ、体重、経験、攻撃性など）が重要になります[16]。

個体のあいだで、資源をめぐる争いが起きることはよくあります。しかし、すでに相手の力量がわかっていたり、見た目から優劣が明らかな場合は、いちいち本気で戦うのは非効率です。戦えば、エネルギーを消耗するだけでなく、怪我や死の危険もあります。一度優劣を確かめれば、力関係が変わるまでは、決まった順位にしたがうのが合理的でしょう。

地位の低い個体には、不満なら群れを去るという選択肢もあります。しかし、群れを出て生きのびるのが難しい状況なら、劣位に甘んじて群れに残る方が、まだましでしょう[17]。これは組織を辞めるか、残るかで悩む人間にも当てはまりそうな話です（**Column 7**）。

順位の高い個体は、食べ物や繁殖相手といった資源を優先して得られるので、生存や繁殖で有利になります。チンパンジーなどの世界ではときとして順位、とくにトップ（リーダー）の地位をめぐって激しい戦いが起きます。

オスとメスで行動パターンが違う理由

繁殖に大成功する者と、ほとんど子孫を残せない者の差が激しいオスの世界では、ハイリスク・ハイリターンな行動が合理的になります。

賭けに敗れて死んでしまえば、それ以上の子孫は残せません。しかし平穏に生きのびても子孫を残せなければ、繁殖の失敗という意味では早死と変わりません。何もしないのは、死ぬのと同じともいえます。

リスクに対するリターン（成功報酬）が大きいのなら、賭けに出るのが合理的でしょう。競争の激しい世界では、危険をおかさなければ成功もありません。そのため、一般的にオスはメスよりも大胆で、向こう見ずな行動をとります。

メスの方はふつう、短期間に多くのオスと交尾をしても、産める子の数はあまり変わりません。メスの繁殖戦略としては、優秀なオスを選んで交尾し、長生きして着実に子を産んでいくしかありません。そのため、一般的にメスはオスよりも慎重で安全な行動をとります。

「生存」と「繁殖」の間にもトレード・オフ（**1-4**）があります。生存のためには天敵に見つからないよう、じっとしているのがよいかもしれませんが、それでは繁殖相手を探せません。繁殖相手を見つけるために動き回れば、捕食者に食べられるかもしれません。

簡単にいえば、オスは生存より繁殖を優先し、メスは繁殖より生存を優先します。オスは「太く短く」、メスは「細く長く」ともいえます。それぞれのおかれた状況で、一生涯の繁殖成功を最大化する戦略なのでしょう。

人間の（とくに男性の）出世欲や権力欲にも、「社会集団のなかで順位を上げ、繁殖の成功を目指す」という動物的な本能がかかわっているのかもしれません。ただし、そうした習性は狩猟・採集時代の環境で、繁殖を最大化するように進化したものです。現代先進国の環境で、それが本人の幸せにつながるかどうかは、また別の問題でしょう。

16　ロバート・ボイド＆ジョーン・B・シルク著、松本晶子・小田亮監訳『ヒトはどのように進化してきたか』（ミネルヴァ書房、2011年）、p.245

17　ロバート・トリヴァース著、中嶋康裕・福井康雄・原田泰志訳『生物の社会進化』（産業図書、1991年）、pp.99-100

Lesson 1-10

なぜ、ヒトは一夫一妻か？

費用対効果と配偶システム

ところで、私たち人間では、男性が女性にモテようとするのはもちろんですが、女性もお化粧をしたり着飾ったり、「女子力」を磨いたりして、男性にモテようとします。これは動物の世界ではかなり珍しい現象です。

多くの動物では、メスはあまり努力をしなくても、オスからひっきりなしに求愛を受けて、交尾の相手を選り好みできる立場にあります。人間の女性は、なぜ男性をひきつける努力をするのでしょうか。

子馬は生まれ落ちてから数時間で走れるようになります。しかしヒトの子は、生まれてから独り立ちするまでに、かなりの歳月を必要とします。

それは進化のなかで、ヒトの脳（頭）が大きくなったためだという説もあります。脳が成長しきると産道を通れないので、ヒトの子は未成熟で生まれ、時間をかけて成長するようになったというのです。

ともかく、ヒトの子は親に世話を焼いてもらわなければ、生きのびることができません。そのためにメスだけでは無事に育て上げることが難しくなり、子孫を残すためにオスがサポートするようになったともいわれます。

ヒトは本当に一夫一妻なのか

こうして、ヒトの配偶様式は一夫一妻に近くなりました。正確には、やや一夫多妻ぎみ、乱婚ぎみだといわれます。一夫一妻を守らない男女がいることはワイドショーを見てもわかりますが、学術研究からも明らかになっています。

たとえば一夫多妻の程度に応じて、オスの体はメスよりも大きくなる傾向があります。メスを争う戦いでは体の大きなオスが有利になるため、そのように進化すると考えられます。

また、メスが同時期に複数のオスと交尾をする程度に応じて、オスの睾丸が大きくなる傾向も知られています。「精子競争」（sperm competition）と呼ばれますが、他のオスとの受精競争に負けないために、交尾のときにより多くの精子を送り込む必要があるからです。

さまざまな動物の配偶システムや体の特徴を比較したり、現実の人間行動を調査することで、ヒト本来の配偶システムを推測する研究が行われてきました。進化心理学者のカートライトは、次のようにまとめています。

ヒトの配偶行動については多くの謎が残されているが、自然人類学の観点から一貫して言えるのは、ヒトは一夫一妻に近いが完全な一夫一妻ではないということだろう。もし男性が十分な富を蓄え、その機会があれば、同時的にしろ継時的にしろ、一夫多妻を実行するだろう。その一方で、女性は性的にいつでも受容可能なので、これが女性と配偶者との結びつきを強めもするが、同時にまた、もし条件が許せば、ちょっとした一妻多夫も可能になる。典型的なヒトの配偶を一言で言えば、不倫に悩む表向きの一夫一妻制である。もし私たちが自分に正直であれば、ずっとそうではないかと疑ってきたこととそう違わないのだ。[18]

オスも子育ての負担を引き受けるようになると、うっかり「適切でない」メスと交尾をしてしまうことの費用が大きくなり、オスもメスを選り好みするようになります[19]。そのためにヒトでは、オスをめぐるメスどうしの競争が起こるようになり、メスもモテる努力をするようになったといわれます。

こうしたことすべてに、(生物では子孫を残すための)「費用対効果」がかかわっているのです。

18 ジョン・カートライト著、鈴木光太郎・河野和明訳『進化心理学入門』(新曜社、2005年)、p.72

19 N・B・Davies、J・R・Krebs、S・A・West著、野間口眞太郎・山岸哲・巌佐庸訳『デイビス・クレブス・ウェスト 行動生態学 原著第4版』(共立出版、2015年)、p.224

Lesson 1-11

仕事のデキる人が考えていること

選択と費用対効果

少し長くなりましたが、生物の話を通してお伝えしたかったのは「費用対効果に優れた（目的を効率的に達成する）戦略をとらなければ、競争に勝てない」という自然の摂理です。これは人や組織にも当てはまる基本原則でしょう。

生物の場合、費用はエネルギーの消費や、死のリスク（捕食、ライバルとの闘争、病気、怪我、飢餓）でしょう。効果は、遺伝子（子孫）を残すということです。

組織の場合、費用はヒト・モノ・カネといった経営資源の消耗、効果は商品やサービスでしょう。

行政機関も経営資源をつかって、自衛隊なら国防や災害対応、警察なら秩序や安全、消防なら防火・救助・救急といった行政サービスを提供しています。行政機関にも、できるだけ少ない費用で多くの効果を出すという意味で、効率は求められます。

効果よりも費用の方が大きいのなら、それはいわば赤字事業ですから、やるべきではありません。つかった資源よりも小さな価値しか生み出さないということは、社会全体にとっても損失になるということです。

もちろん、長い目でみれば大きな価値を生み出す事業でも、一時的に赤字になるということはあります。今ではGAFA（**5-11**）と呼ばれる世界トップ企業の一角を占めるアマゾンも、最初はずっと赤字続きでした。

事業には「**不確実性**」(uncertainty、先行き不透明）がつきものです。優れた経営者が堅実なプランを練ったとしても、「新型コロナ」のような思いがけない事態で、赤字になってしまうこともあります。

費用対効果で優先順位を決める

とはいえ基本的には、効果よりも費用が大きい選択肢は避けなければなりません。そのうえで「費用対効果の大きな選択肢から実施する」というのが意思決定の基本ルールです。

費用よりも効果の方が大きい選択肢は、すべて実施すればよいと思われるかもしれません。しかし、ふつうは予算や人員、時間といった資源に限りがあるため、全部は実施できません。だからこそ、費用対効果で優先順位をつけることが大切になります。

たとえば明日が大事な試験で、勉強する時間はあと1時間しかないとします。もし国語を1時間やれば3点上がる、理科なら5点、英語なら8点上がる、という見込みなら、英語を勉強するのが合理的でしょう。

それは同じ1時間という費用に対して、効果のいちばん大きな選択肢を選ぶということです。「何も考えずに思いついた順番でやってしまう」という人は、つねに費用対効果を意識する人と比べて、長い人生では大きな差をつけられてしまうでしょう。「賢い」「デキる」「要領がいい」と言われるのは、費用対効果を意識して優先順位をつける人ではないでしょうか。

生産性の高い人たちは「優先度の高い仕事から順にやって、時間切れになったら、残った（あまり重要でない）仕事はやらずにあきらめる」「いつ時間切れになっても、その時点でベストの成果になっているようにする」という考え方をしていると思います。重要でないことについては「やらずにすませる」「簡単にすませる」ということをつねに考えているはずです。

みなさんは「トリアージ」（triage）をご存知でしょうか。「医療機関などで人手や設備といった資源が限られているとき、患者の治療に優先順位をつける」ということです。これはまさに、費用対効果にもとづく選択です。

みんなを救いたいと思っても、全員の治療に資源を分散すると、かえって多くの人が亡くなることがあります。手遅れと思われる患者や軽症者をあとまわしにして、治療効果が高い患者に資源を集中することで、結果的にはより多くの患者を救うことができるのです。

Lesson
1-12 タクシー代をケチるような仕事をしちゃダメ？

費用だけを考える誤り、効果だけを考える誤り

起業家の堀江貴文さんは、その半生を綴った『我が闘争』[20]のなかで、出資者から言われた次の言葉を紹介しています。

ちなみに「**起業家**」(entrepreneur、「企業家」とも翻訳されます）は、経済学者のシュンペーター（Joseph A. Schumpeter）が「**イノベーション**（innovation、革新）を起こす人」という意味でつかった言葉です。

その時もらったアドバイスとして今でもはっきりと覚えていることがある。

経営方針の説明の流れで、できるだけ経費を使わずに、移動も電車を使うと話したところ、

「それはダメだ。タクシー代をケチるような仕事をしてちゃダメなんだ」

と厳しい口調で言われた。

「タクシーに乗っている間も、仕事をしたり電話かけたりできるだろう」

なるほどそうかもしれない。電車に乗る時間があるくらいなら、タクシーに乗って仕事をした方が効率がいい。もっと大きく稼いでいくことを考えろという意味もあるのだろう。

このアドバイスはその後もずっと僕の仕事のやり方の根本に影響することになる。

費用だけで考えれば、タクシーよりも電車の方が節約になるでしょう。しかしそれではダメで、効果との兼ね合い、「費用対効果」で考えなければいけないということを言っているのです。

費用が安くても、混んだ電車に立って乗るのは疲れて、仕事もしにくいでしょう。長距離だとタクシーは難しいかもしれませんが、グリーン券や指定券にお金をかければ、座ってじっくり仕事ができるかもしれません。費用を上まわる効果が得られるのなら、そうする方がよいのです。

「安物買いの銭失い」という言葉があります。「安いものは品質も悪く、修理

や買い替えの費用を考えると、結局は損をする」という意味です。これも費用だけで判断することを戒めるものでしょう。

「効果があればやるべき」は間違い

逆に「費用を考えずに効果だけを見る」というケースもあります。

これは私が目にした例ですが、町内会やPTAといった組織では、集まったり話をするのが好きで、「こういう行事をやりましょう。ああいう仕事も必要ですね。あれもこれも全部やりましょう」というタイプの人がときどきいます。

その一方では仕事や家事・育児でとても忙しく、「不要不急」に思える行事の手伝いは勘弁してほしいと思っている人たちもいます。

消極的な人が遠慮がちに行事の必要性を問うと、積極的な人は行事の「効果」についてとうとうと語り、「後ろ向きだ」「やる気がない」と断罪するような空気になることがあります。

誰かがやろうと思うことには、ふつうは何かしら効果があるものです。しかし「少しでも効果があることはやるべきだ」というのは間違った考えでしょう。その論法でいくと、多くの「どうでもいい仕事」に忙殺されて、生産性はとても低くなります。思いつくままに何でもやるのは非効率です。

「費用よりも効果の方が大きいことはやるべきだ」というのなら、まだわかります。ここでいう費用には、直接の経費だけでなく、動員される人たちが失う時間などの「機会費用」（**2-2**）も含まれます。

しかし、実際には資源（予算や人員や時間）に限りがあるので、「費用よりも効果の方が大きい」ことも、すべては実行できません。優先順位をつけて、費用対効果の大きなものから順にやることが大切です。

実際には、費用や効果をすべて見積もるのは、なかなか難しいでしょう。費用対効果をバランスよく判断するセンスは、優れたリーダーの条件かもしれません。

20 堀江貴文著『我が闘争』（幻冬舎、2015年）、第五章

Lesson 1-13 ガンバリズムの体育会系？

クラッシャー上司

費用を無視して効果しか見ないという現象は、会社のような組織でもときどきみられます。

NHKの経済番組で「クラッシャー上司」というものが紹介されていました。「部下を精神的に潰しながら、どんどん出世していく人」だそうです。

典型的な例として紹介されたのは、次のようなものでした。

国立大学を出て機械メーカーに就職した若手の社員Ｆさん。彼女はとても真面目で、求められる以上のことを目指さないと気がすまないタイプでした。

ある日、直属の上司Ａは、クライアントが要求してきた難しい案件を「お前ならやれる！ 俺もきつい仕事でしごかれて成長した」と、Ｆさんにまかせます。上司の期待に応えるべく、それまで以上に全力で働くＦさん。

その後、クライアントから理不尽な要求があり、Ｆさんは対処の仕方を上司に相談しました。すると、上司は理不尽な要求については一言もふれず、「納期変更は絶対に認めない！ これまで築きあげてきた信頼を失墜させるな！」と叱咤してきました。

その日から、毎日朝６時から深夜２時まで、上司Ａの付きっきりの指導が始まります。昼食と夕食も一緒、トイレは上司が行くタイミングに合わせて自分もすませるほどでした。ストレスと疲労で食事がとれなくなると、「無理してでも食べないと体が持たないぞ！」と言われ、上司の前では無理して食べ、トイレで吐いていました。

そして迎えたプレゼンの日。クライアントから数多くのやり直しを要求されてしまいます。クライアントからは「納期を延ばしてもよい」と言われたものの、Ｆさんは自ら断り、引き続き徹夜の日々。

それから１週間後、職場からＦさんの姿がなくなります。異変を感じた総務担当がＦさんを精神科産業医に連れて行くと、うつ病と診断を受けました。その報告を受けたＡはこう言いました。「やっぱり最近の若いのはダメだな。もっ

とできるやつを回してよ」。[21]

▌昭和の体育会系？

この話を聞いて私が思い出したのは、子どものころにテレビで見た「巨人の星」のような、「スポ根」（スポーツ根性もの）と呼ばれた昭和のアニメでした。「主人公が過酷な練習や苦難に耐え抜き、がむしゃらな努力で成功をつかむ」といった物語で、戦略や効率は軽視されていたように思います。根性論、精神論、ガンバリズムの世界です。

成果が同じなら費用は少ない方がよいと考えるのが、効率や合理性の発想です。ところが日本の組織では、成果が同じなら、たくさん残業する人の方が高く評価されるような逆転現象がみられます。払った犠牲（費用）で「やる気」や「忠誠心」を測り、成果と関係なく評価する文化です。

私が子どものころの運動部では、熱中症の危険がある真夏に「練習中は水を飲むな」といった理不尽な指導が広く行われていました。質よりも量を重視する「千本ノック」のような練習もよく行われました。忍耐や根性を至上とする価値観があったように思えます。クラッシャー上司に、そうした「昭和の体育会系」を見出すのは私だけでしょうか。

効率的に成果をあげる方法を指導するのではなく、ひたすら努力やがんばりを要求しています。部下の時間やストレスといった「費用」は考慮していません。費用対効果という発想が欠けているのではないでしょうか。そういうやり方でうまくいった時代は、すでに遠く過ぎ去ったのかもしれません（**5-12**）。

クラッシャー上司自身は、成果をあげて出世していくそうです。しかし、それと引きかえに貴重な人材を潰すのでは、組織や社会にとってマイナスでしょう。

21　NHK Eテレ「オイコノミア」2017年11月15日放送。詳しい内容は、以下の書籍で書かれています。松崎一葉著『クラッシャー上司　平気で部下を追い詰める人たち』(PHP研究所、2017年)

Lesson 1-14

費用も効果も考えない？

お役所仕事

官僚組織の非効率な仕事ぶりを指す「**お役所仕事**」(red tape) という言葉があります。「繁文縟礼」とも翻訳されます。

これは社会学者のマートン（Robert K. Merton）が「官僚制の弊害」(**8-2**) としてあげた特徴のひとつです。

マートンは次のように書いています。

……*融通のきかない杓子定規となり、迅速な適応能力が欠けることになる。所定の手続を几帳面に守るのだといういかにも文句のつけようのない口実で、形式主義、さらに儀礼主義が生じてくる。この傾向がいっそうすると、規則遵守の関心が第一となって、そのために組織の目標達成が阻害されるようになる。*[22]

民間企業の一部でも同じような症状がみられ、「大企業病」と呼ばれています。官僚制の弊害については、改めて**8-2**～**8-4**でお話しします。

規則のせいで、ごく普通のことができない？

たとえば、ある国立の研究機関では、研究費で本を買おうとすると、注文してから届くまでに数ヶ月かかるそうです。数ヶ月後に本が届いても、注文したことすら忘れていて「もう必要がなくなった」ということもよくあるそうです。「効果」が大きく損なわれているのです。

なぜそんなに時間がかかるのかというと、たとえば「入札にかけて、できるだけ安く購入する」といった規則があり、そうした手続きに時間がかかるのだそうです。

それは費用を節約する合理的な規則にも見えます。しかし、同じ本の価格が販売業者によってどれくらい違うのでしょうか。手続きにかかる社会全体の費用や、時間的な遅れを考えても割に合うのでしょうか。タイミングが遅れると「意味がなくなる」「効果が大きく損なわれる」ということも世の中にはたくさんあります（**8-13**）。

また、官公庁の少なくとも一部では、冷暖房の入る期間が「○月から△月まで」というように日付で決まっています。

そうすると、暑い日に暖房が入ってみんな窓を開けていたり、寒い日に冷房が入ってやはり窓を開けるということが起こります。暑くて熱中症になったり、寒くて風邪をひく人も出てきます。冷暖房の効果が損なわれ、費用も無駄になり、仕事の効率も落ちるわけです。

現代の日本ではアマゾンで注文すれば、首都圏ならだいたい１～２日で本が届きます。冷暖房についても、民間企業なら年間を通じて快適な勤務環境を保つのは簡単でしょう。

それができないのは、技術や費用の問題ではなく、役所で働く人たちのせいでもなく、法律や規則のためだということには考えさせられます。

22 ロバート・マートン著、森東吾・森好夫・金沢実・中島竜太郎共訳『社会理論と社会構造』（みすず書房、1961年）、p.183

• Column 1 •

逃げるチャンスの問題？

状況による戦略の違い

1-10で、配偶システムの話をしました。

鳥類では、ヒトと同じようにオスとメスが協力して子育てをする種もかなりあります。それはおそらく、卵を温め、巣を守り、自分の餌を探し、ヒナにも給餌する、といったすべてをメスだけで行うことが難しいからでしょう。オスも協力しなければ、子孫を残せないのです。

魚類では、オスが単独で卵や稚魚の世話をする種もあります。それはなぜでしょうか？

生物学者のドーキンス（Richard Dawkins）は、「逃げるチャンス」の問題ではないかという説を紹介しています[23]。この説には異論もあるようですが、効率や戦略の観点からは、なかなか興味深いものです。

哺乳類の場合、オスは交尾が終われば、子育ての負担をすべてメスに押しつけて逃げるチャンスがいくらでもあります。メスは自分の胎内で子を発育させ、生まれた子を母乳で育てるしか、繁殖に成功するチャンスはありません。どちらかが逃げるとすれば、それは必然的にオスの方でしょう。

ところが魚類の多くは体外受精で、メスが産んだ卵に、オスが放精します。魚のメスには、卵の世話をオスに押し付けて逃げるチャンスもあるわけです。

また、哺乳類のメスは、自分が産んだ子は確実に自分の子だとわかりますが、オスの方はそうではありません。オスは、生まれる子が本当に自分の子なのかどうか、疑心暗鬼にならざるをえません。

鳥類では、メスの浮気を防ぐために、つがいのオスがずっとメスのあとをつけて監視することもあります（ヒトでも「彼氏の束縛が激しい」といった話を聞くことがあります）。

オスにとって、他人の子のために貴重な時間や労力を割くのは、繁殖のうえで大きな損失になります。一般的に哺乳類のオスがあまり育児に協力しない背景には、本当に自分の子かどうか定かでないという事情もあるのでしょう。

多くの魚類では、オスは自分で放精した卵を守り抜けば、生まれる子は自分の子なので、安心して卵や子の世話をすることができます。

生物はおかれた状況のなかで、効率よく子孫を残す戦略をとっています。状況がさまざまなので、戦略も千差万別なのでしょう。

23　リチャード・ドーキンス著、日高敏隆・岸由二・羽田節子・垂水雄二訳『利己的な遺伝子』（紀伊國屋書店、1991年）、第9章

第2章

賢く考え、
正しく判断する心理学
「意思決定」

第２章では、「意思決定」について考えます。

狩猟・採集時代の環境で「生存と繁殖」に最適化した人間の心は、現代社会の必要性にうまく対応できないことがあります。

たとえば、厳しい環境で生き残るために進化した「損失回避」や「現状維持」の心理は、現代では必要以上に慎重で変化を嫌う行動につながり、合理的な意思決定を妨げるかもしれません。

そうした、人間が陥りやすい心理のワナについて学びます。

Lesson 2-1

なぜ、コルテスは自軍の船を燃やした？

セルフ・コントロールとコミットメント

夜中に原稿を書いていると疲れてきて「ちょっとビールでも飲んでひと眠りしようか」と思うことがあります。そんなときに「どのお店へ買いに行こうか」と考えるのも、ひとつの選択（意思決定）でしょう。

「夜中にビールを買いに行くより、まとめ買いして家に置いておけばよいのではないか」と思われるかもしれません。

しかし、それでは飲み過ぎてしまうので、家にはあまりビールを置かないことにしているのです。手近にビールがあると、ちょっとでも飲みたくなると気軽に飲んでしまいます。いちいち買いに行くとなると面倒で、どうしても飲みたくなるまでは我慢することになります。

こうした題材は「**セルフ・コントロール**」（self-control、自己抑制）の問題として「**行動経済学**」（behavioral economics）で研究されてきました[24]。

「**ゲーム理論**」（game theory）では「**コミットメント**」（commitment、自己拘束的な確約）の問題として知られます。あえて自分自身の選択肢を消すことで、かえって自分を有利に導くという戦略です。

ギリシャの吟遊詩人ホメロス（Homer）の叙事詩『オデュッセイア』で、英雄オデュッセウスは、部下に命じて自分自身を船の帆柱に縛りつけます。セイレーンという魔物の歌に幻惑されておかしな行動をとらないよう、あらかじめ自分を拘束したのです。

中国には「背水の陣」という故事があります。あえて川を背にした陣を敷き、退却を不可能にすることで、死にものぐるいで戦わざるを得ない状況をつくって勝利したという話です。

経済学者のディキシット（Avinash K. Dixit）らは、次のような例を紹介しています。

軍隊はしばしば退却の可能性を自ら否定することで、実行に確実性を付与す

る……コルテスはメキシコを襲った際、これと同じ戦略を用いた。メキシコのセンポアーラに着くや、コルテスは1隻を除いて自軍の船を全て燃やすか航行不能にするよう命令を下した。コルテスの軍勢は、数では大きく負けていたが、こうすることで、戦って勝つ以外の選択肢はなくなった。

……船を破壊することはコルテスに2つの利点をもたらした。まず、第1に軍内に団結が生まれた。脱走、あるいは退却が不可能である以上、最後まで戦わざるをえないことを各々が承知した。第2に、これはさらに重要なことだが、敵に（威嚇）効果を与えた。敵側はコルテスが戦うか死ぬかしかないことを知り、一方、自分たちは奥地へ退くという選択を持っていた。敵は決死の覚悟の軍団と戦うより、退却することを選んだ。[25]

リーダーが「生きのびるには勝つしかない」といっても、部下たちは「負けたら退却すればいいさ」と思って、あまり本気にならないかもしれません。「どうせ、いざとなったらできないさ」と相手に見透かされると、脅しは効果を発揮できません。本当だと思わせる信頼性（credibility）が必要なのです。

自分の選択肢をあえて消し去ることによって、脅しに信憑性が生まれ、人々の期待や行動を変えることもあるのです。

Check!

☑ 行動経済学

人間心理にかかわる経済学です。

☑ ゲーム理論

名前のとおり「オセロ」のようなゲームをイメージするとよいでしょう。対戦者は「自分がこうしたら、相手はこうくるだろう」といった予想を何通りも、何手も先まで考えながら、自分の利益になる（勝利につながる）戦略を模索します。そうした複数の参加者（プレーヤー）の戦略的な駆け引きをあつかう経済理論です。

24 リチャード・セイラー著、遠藤真美訳『行動経済学の逆襲』（早川書房、2016年）、第3部

25 アビナッシュ・ディキシット＆バリー・ネイルバフ著、菅野隆・嶋津祐一訳『戦略的思考とは何か【エール大学式「ゲーム理論」の発想法】』（CCCメディアハウス、1991年）、第6章「実行の確約」

Lesson 2-2 安ければ遠くても買いに行く？

意思決定と機会費用

「ビールを買うお店を選ぶ」という話に戻りましょう。

家の近くのコンビニだと、徒歩で往復５分ですが、缶ビール３本で750円します。家から５km離れたディスカウント・ストアまで車で行けば、往復で25分かかりますが、同じものを600円で買えます。みなさんだったら、どちらのお店へ行くでしょうか。

遠くまで買いに行けば、ビール代を150円節約することができます。しかし、ガソリン代を考えるとどうでしょう。車の燃費が10km/Lだとすると、往復の10kmで１Lのガソリンを消費します。１Lが150円だとすると、ガソリン代で150円かかることになります。

ここまでは金銭的な支払いにつながる費用のお話です。経済学では、さらに「**機会費用**」（opportunity cost）というものを考えます。遠くまで買いに行くと、時間が余計に20分かかります。この20分をもっと有効につかう方法があるかもしれません。そういう他の機会を逃す費用ということで「機会費用」というのです。

たとえば20分を仕事にあてたら、いくら稼げるでしょうか。最低賃金の全国平均は、だいたい時給900円くらいです[26]。そうすると１分あたりでは15円（900円÷60分＝15円/分）ですから、20分には300円（15円/分×20分＝300円）の価値があることになります。

そうすると、ビール代の150円を節約するために遠くまで買い出しに行く費用は、ガソリン代の150円と、機会費用300円で、合計450円になります。費用の方が大きくなってしまいますから、割に合わないことになります。

本当に「もったいない」のは何か

費用というと、つい金銭的な支払いにつながるものだけを考えてしまいます。しかし合理的な判断をするうえで、機会費用の考え方はとても重要です。

私は自宅でこの原稿を書いていて、職場の研究室にある本を確認したいと思うことがときどきありました。執筆時点では「新型コロナ」の影響で在宅勤務が多く、研究室へ行く機会はあまりありませんでした。

研究室まで高速道路で行くと、ガソリン代が500円、高速料金が往復1200円、合計で1700円かかります。時間は往復で1時間かかります。

高速道路をつかわなければ、ガソリン代の500円しかかかりませんが、時間は往復3時間になります。

「アマゾン」を見ると、読みたい本のKindle版（電子書籍）が2000円で売っています。みなさんだったら、どうするでしょうか。

金銭的な支払いだけで考えると、高速道路をつかわずに取りに行くのが最も安くすむように思えます。しかし、往復に費やす3時間の機会費用が問題です。この3時間を仕事につかえば、収入が増えるかもしれません。

時給900円で換算すると、3時間の価値は2700円になります。ガソリン代の500円と合わせると、費用は3200円になります。

高速道路をつかう場合には、往復1時間の機会費用が900円、ガソリン代と高速代が1700円、合計で2600円になります。実は高速道路をつかう方が総費用は少ないことになります。時給の高い人なら、その差はもっと大きいでしょう。

結局のところ、電子書籍を2000円で買うのが、最も費用が少なく、合理的だということになります。すでに持っている本を買い直すのは「もったいない」と感じて、心理的には別の選択をしたくなるかもしれません。しかし上のような状況なら、やはり電子書籍を買うのが正しい意思決定でしょう。

「市場の失敗」（2-4）のようなことがないかぎり、さまざまな資源の社会的な価値は、価格に反映されます。費用と効果をお金（市場価値）に換算できるときは、費用対効果で考えれば、社会全体の利益にもかなう判断ができます。

26　厚生労働省「地域別最低賃金の全国一覧」、https://www.mhlw.go.jp/stf/seisakunitsuite/bunya/koyou_roudou/roudoukijun/minimumichiran

Lesson

2-3 紛失したチケットを買い直す？

心の会計

「同じ本を買い直すのはもったいない」という心理は、行動経済学でいう**「心の会計」**(mental accounting) と関係があります。英語のまま「メンタル・アカウンティング」といわれることもあります。**「心の予算」**(mental budgeting) という言い方もあります。経済学者のセイラー (Richard H. Thaler、2017年にノーベル経済学賞を受賞) は、次のように書いています。

1970年代の後半に、家計の管理について聞き取り調査をしていたとき、多くの家庭、とくに家計が苦しい家庭では、項目ごとに予算を分けて、その範囲内でやりくりしていることがわかった。

……組織もこれと同じようなことをしている。部門全体の総予算を決めて、それを項目ごとに分け、その範囲内で支出を計画していく。このような予算分けは、「お金は代替可能 (fungible) である」という、経済学のもう1つの大原則を破ることになってしまう。経済学では、お金には「家賃」「食費」というラベルはついておらず、どんな目的にも自由に使うことができると前提されている。

……予算を設定するのには、それなりの理由がある。組織の場合、上司が支出をいちいち認めるのは大変だ。それに、予算制にすれば、その範囲内であれば経費を自分の判断で使う裁量を社員に与えながら、コストを大枠で管理できるようにもなる。しかし、弊害もある。大きな組織で働いたことのある人なら、想定外のことが起きて割り当てられた予算では足りなくなったのに、他の項目で遊んでいるお金を使うことは許されない、といった経験をしたことがあるだろう。[27]

お金に色をつける？

心のなかでお金をカテゴリーに分けるせいで、おかしなことが起こります。みなさんだったらどうするか、次の質問に答えてみてください。

質問A：*あなたはコンサートの会場へ向かいました。ポケットには、5千円で買ったチケット1枚と、5千円札が1枚入っていました。到着してポケットを探ると、チケットを失くしたことに気がつきました。当日券を5千円で買えるとしたら、チケットを買い直しますか？*

質問B：*あなたは、現地についてから当日券を買うつもりで、コンサートの会場へ向かいました。ポケットには、5千円札が2枚入っていました。到着してポケットを探ると、5千円札のうち1枚を失くしたことに気がつきました。残った5千円札でチケットを買いますか？*

Aの質問にはNoと答え、Bの質問にはYesと答える人が多いのです。しかし、何かおかしくありませんか？

AでもBでも、自分の全財産やその他の状況は同じで、持っている5千円でチケットを買うかどうかという判断です。Aでは5千円札をチケットに替えてから失くしていた、Bでは5千円札のまま失くしていた、これだけの違いです。本質的な経済状況はまったく同じです。

しかし多くの人は、「チケットを買うためのお金」というように、お金に色をつけてしまいます。Aの状況では、チケットに1万円も払うような感覚になって、それはつかいすぎだと思ってしまいます。Bの状況では、チケットに払うのは5千円で、落とした5千円はまた別という感覚でしょう。

人々は、入手の経緯によってもお金に色をつけてしまいます。苦労して稼いだお金は、大事につかおうと思います。しかし、棚ぼたで転がり込んだ臨時収入は、気軽にパーッとつかってしまいます。「悪銭身につかず」といわれるゆえんです。しかし入手の経緯が違ったとしても、お金の価値は同じです。本当は同じように、大切につかうべきでしょう。

27　リチャード・セイラー著、遠藤真美訳『行動経済学の逆襲』(早川書房、2016年)、pp.117-118

Lesson 2-4 他人に迷惑をかける？

外部効果、市場の失敗、政府の失敗

自分にとっての費用対効果と、社会全体にとっての費用対効果が違うこともあります。

経済学で「**外部効果**」(external effect) という言葉があります。「**外部性**」(externality) ともいいます。「ある主体（人や企業など）の行動が、その外部にも効果（影響）をおよぼす」ということです。

それがよい影響のときには「**外部便益**」(external benefits) といいます。「外部に便益をもたらす」ということです。「**外部経済**」(external economies) や「**正の外部性**」(positive externalities) ともいいます。

悪い影響のときは「**外部費用**」(external costs) といいます。「外部に費用を発生させる」ということです。「**外部不経済**」(external diseconomies) や「**負の外部性**」(negative externalities) ともいいます。

ビールを買いに遠くのお店まで行くとき発生する費用は、自分が失う時間やガソリン代だけではありません。たとえば排気ガスによる大気汚染や、交通事故の危険などは、社会に対する外部費用でしょう。

本書の執筆時点では「新型コロナ」が世界を揺るがせています。まだよくわからない面も多いので、どれくらい気をつけるべきか、難しいところはあります。「かかったら本人が損をするだけだから、人それぞれの判断でいい」という考え方もあるかもしれません。

しかし「自分は大丈夫、かかっても別にいい」という人が警戒せずに活動すると、本人が感染する危険だけでなく、他人に感染させるリスクも増やすことになります。自分は若いから感染しても大丈夫だと思っても、自分の運んだウイルスでお年寄りが亡くなる可能性もあります。これも外部費用の例でしょう。

「他人に迷惑をかけなければ自由でしょう」という言い方がありますが、これを経済学風にいうと、「外部費用を発生させなければ自由でしょう」ということになります。

よい影響の例もあげておきましょう。道路沿いの庭をきれいな花で飾っている家があります。その家の人は、趣味でガーデニングをやっているだけかもしれません。しかし、道を通る人たちが花を見て心を和ませ、癒やされるとしたら、それは外部便益でしょう。

市場にまかせればうまくいく？

外部効果があるために、政府のような統治機構や、組織のリーダーが必要になります。それについては、**6-4**や**7-8**でお話しします。

経済学では基本的に「市場にまかせれば世の中はうまくいく」ということになっています。いろいろな情報が価格に集約されるので、人々が価格を見て、自分の損得勘定で行動するだけで、希少な資源が最適に配分されるというのです。

たとえば、キャベツの価格が高騰しているとします。理由はともかく、価格が上がると、キャベツにそれほどこだわらない人たちは「高いからキャベツはやめておこう。安い食材でつくれるメニューにしよう」と考えて、キャベツをあきらめます。「どうしてもキャベツがないと困る」という人だけが、高いお金を払って買っていきます。

このように人々が価格を見て、あとは自分の都合で行動するだけで、必要性の高い人へ優先してキャベツが行き渡ります。政府が介入して、分配をコントロールする必要はないのです。市場価格によって需要と供給が自動的に調整されるしくみを「**価格メカニズム**」(price mechanism) といいます。

しかし、外部効果などのために、市場にまかせるだけはうまくいかないこともあります。これを「**市場の失敗**」(market failure) といいます。たとえば企業が自分の利益だけを考えて行動すると、費用を抑えるために製品の欠陥を放置したり、公害を垂れ流すかもしれません。そうしたことを防ぐために、ある程度は政府による規制が必要になります。

政府の過剰な規制によって、問題や非効率が生じることもあります。これを「政府の失敗」(government failure) といいます。

Lesson **2-5**

なぜ、ダイエーは衰退した？

組織の惰性と現状維持バイアス

組織がなかなか変革できないことを、比喩的に「**組織の惰性**」(organizational inertia) といいます。

ボウリングの球を投げると、手を離れたボールは惰性（慣性）で（カーブをかけていなければ）レーンを真っ直ぐに進んでいきます。軽いピンにぶつかったくらいでは、スピードも方向も大きくは変わりません。

自動車もある程度のスピードで走っていると、「急にハンドルを切っても曲がりきれない」「ブレーキをかけてもすぐには止まれない」ということがあります。

組織でもそういうことがあります。とくに成功を重ねて大きくなった組織では、「環境が変わっても以前のやり方を変えられない」「過去の成功体験から抜け出せない」ということがあります。

「価格破壊」をスローガンとして高度成長の時代に躍進し、小売業の売上トップに上りつめたダイエーは、バブル崩壊後は経営不振に陥り、2015年にイオングループの完全子会社になりました。

セブン&アイホールディングスの元会長で「流通の神様」といわれた鈴木敏文さんは、ダイエーの中内㓛元会長について次のように語っています。

中内さんは偉大な経営者で、ものが不足していた時代に日本にスーパーマーケットを導入して、いかにものを充足させるか、いかに安く売るかということに専念した。ただ時代がどんどん変わってきたのに、“安さ”から抜けられなかったんでしょうね。[28]

経済学者のセイラーは、惰性について次のように書いています。

損失回避性が私たちの発見を説明する要因の１つであることはまちがいないが、それと関連する現象がある。惰性だ。物理学では、静止している物体は、外部から力を加えられない限り、静止状態を続ける。人もこれと同じように行

動する。別のものに切り替える十分な理由がない限り、というよりおそらくは切り替える十分な理由があるにもかかわらず、人はすでに持っているものに固執するのである。経済学者のウィリアム・サミュエルソンとリチャード・ゼックハウザーは、こうしたふるまいに「現状維持バイアス（status quo bias）」という名前をつけている。[29]

変えないのが安全？

進化心理学の観点からいうと、人間を含む多くの動物が「**現状維持バイアス**」をもつのは、野生の厳しい環境のなかで、それが生存に有利だったからでしょう。

たとえば「いつも通る道」「いつも食べるもの」は、安全が確認されています。ときには必要に迫られて、新しい道や食べ物を探さなければならないこともあるでしょう。しかし、それには危険がともないます。

気まぐれでよく知らない道を選んだために、他の部族や猛獣に襲われて死ぬかもしれません。足を滑らせて転落するかもしれません。見慣れないものを食べたら、フグやトリカブトのような毒があるかもしれません。

進化のなかで人間が適応してきた狩猟・採集時代の環境では、安全が確認されていることを繰り返すのが生存に有利だったのでしょう。官僚制の弊害（**8-2**～**8-4**）として批判されることもある「前例踏襲主義」ですが、それは生物の本能に深く刻まれているのかもしれません。

現代先進国の環境は、狩猟・採集時代よりもはるかに安全です。現在の私たちは、惰性や現状維持から脱して、もっと大胆に試行錯誤やチャレンジをすべきかもしれません。

---

28 週刊朝日、2014年10月10日号、https://dot.asahi.com/wa/2014100300044.html

29 リチャード・セイラー著、遠藤真美訳『行動経済学の逆襲』（早川書房、2016年）、pp.223-224

Lesson
2-6 苦痛は喜びの2倍？

損失回避

セイラーの引用文（**2-5**）のなかで「**損失回避**」(loss aversion) という言葉が出てきました。これについても説明しておきましょう。

セイラーは「損失から被る苦痛が、同じ規模の利得から得られる喜びを上回る人間心理は、損失回避と呼ばれる」「大まかに言うと、損失の苦痛は利益を得たときの喜びの2倍強く感じられる」[30]と言います。

たとえば20万円をもらったときの喜びと、10万円を失ったときの苦痛は、主観的にはだいたい同じくらいに感じられるということです。人間は何かを得ることよりも、失うことに対して、2倍くらい敏感に反応するのです。こうした心理は、どのように進化したのでしょうか。

動物の世界で利益というと、代表的なのは食べ物でしょう。野生の世界では保存技術もなく、お金に換えて貯めるということもできませんから、自分や家族で食べられる以上に食料を集めても意味がありません。よくばって食物を探しすぎると、捕食者に見つかって命を落としかねません。

損失は、捕食や怪我や飢餓でしょう。一定以上の損失をこうむると死んでしまうので、損失の回避はまさに死活問題です。「利益の獲得」よりも「損失の回避」を優先するように進化したのは、厳しい環境を生きのびるうえで、その方が有利だったからでしょう。

日本で成果主義がうまくいかない理由

日本では「**年功賃金**」(seniority-based wages) が多く、「**成果主義**」(performance-based wages) があまりうまくいかないことも、損失回避の考え方で説明できるかもしれません。

給与総額を一定として成果主義を取り入れると、社員どうしが「**ゼロ・サム・ゲーム**」(zero-sum game) の状況に置かれます。「ゼロ・サム」というのは、誰かのプラスと誰かのマイナスの合計（sum）がゼロになることです。自分がプラスを得るには、そのぶん誰かをマイナスにしなければなりません。

たとえば地球上の土地が一定なのに、領土の奪い合いをすれば、これはゼロ・サム・ゲームです。ある国が領土を増やせば、他国の領土がそのぶん減ります。誰かに損失を負わせなければ利益を得ることができないので、ゼロ・サムの争いは熾烈になります。できれば、そういう競争は避けたいものです。

さて、損失回避からいえば、10万円給料が増えた人のモチベーションの上昇幅よりも、10万円給料が減った人のモチベーションの下落幅の方が大きいことになります。そうすると、成果主義で給料の差をつければつけるほど、社員のモチベーションの総計は下がります。そうした状況で成果主義がうまくいかないのは、簡単な算数でわかるのではないでしょうか。

ゼロ・サム・ゲームの成果主義では、他人の給料が減らないかぎり、自分の給料は上がりません。そうすると、他人の足を引っ張る行動も誘発されるでしょう。成果主義がそういうインセンティブ（**1-3**）を与えるのです。

アメリカなどでは解雇も転職も容易ですから、モチベーションを失った社員は会社を辞めて新天地を探すことになります。モチベーションの上がった社員にだけ働き続けてもらい、希望に燃える新入社員を採用できるわけです。

動物はつねに「損失回避」をするわけではありません。1-9でお話ししたように、多くの動物のオスは、繁殖に関しては果敢な行動をとります。繁殖を争うオスどうしの闘争は、ときには命の損失もいとわない苛烈なものです。多くの動物は、生存にかかわる場面では損失回避的です。しかし繁殖にかかわる場面では、オスは損失をいとわず、利益を追求します。これは人間にも当てはまるようです[31]。

---

30 リチャード・セイラー著、遠藤真美訳『行動経済学の逆襲』（早川書房、2016年）、p.62

31 Yexin, Jessica, Douglas T. Kenrick, Vladas Griskevicius and Steven L. Neuberg, "Economic Decision Biases and Fundamental Motivations: How Mating and Self-Protection Alter Loss Aversion," Journal of Personality and Social Psychology, 102-3, 2012, pp.550-561.

Lesson
2-7

賭けに出るのはどんなとき？

リスク回避とリスク追求

「損失回避」について、もう少し考えましょう。

みなさんだったら、次のような状況でどうするでしょうか。

「賭けは違法ではないか」と思われるかもしれませんが、動物一般の話もするので、そこはひとまず無視して考えてください。

質問A：*勤め先の業績が好調で、社長があなたのボーナスを10万円増やす予定だといいます。社長は賭け事が好きで、「コイン投げで表が出たらプラス20万円、裏が出たら増額なしということにしてもいいよ」と言います。あなただったら、確実に10万円をもらいますか？ それとも賭けを選びますか？*

質問B：*勤め先の業績が不調で、社長があなたのボーナスを10万円減らす予定だといいます。社長は賭け事が好きで、「コイン投げで表が出たらマイナス20万円、裏が出たら減額なしということにしてもいいよ」と言います。あなただったら、確実に10万円を失いますか？ それとも賭けを選びますか？*

基本的に、賭けに参加すべきかどうかは「**期待値**」(expected value) を比較して判断するのが合理的とされます。期待値は「その賭けを無限に繰り返したとき、平均でいくらもらえるか」という、確率的な平均値のようなものです。

質問Aの賭けでは、「20万円×0.5＋0万円×0.5」という計算で、期待値は10万円になります。Aの質問は結局、「確実に10万円をもらう」か、「平均では10万円もらえるが、運しだいで金額が変動する賭けをする」か、という選択になります。

同じように考えて、Bの質問は「確実に10万円を失う」か、「平均では10万円失うが、運しだいで金額が変動する賭けをする」か、という選択です。

この例のように期待値が同じとき、確実性を求めることを「**リスク回避**」(risk aversion)、賭けを好むことを「**リスク追求**」(risk seeking) といいます。

「確率的な変動を嫌うか、好むか」「堅実派か、ギャンブラーか」ということです。

比較でいうと、質問Aでは確実に10万円もらうという人が多く、質問Bでは賭けに出る人が多いことが知られています。これも、損失だけはどうしても避けたいという「損失回避」の表れでしょう。

そうした心理は、どのように進化したのでしょうか。

生物は死んだら終わりですから、まずは生きのびることが肝心です。

たとえば、食料が豊富な、つまり「生きるのに必要な量よりも、とれる食物の期待値が大きい」ときには、わざわざリスクの高い行動をとって、とれる量を変動させるべきではありません。安全確実に、期待値に近い量の餌を確保すればよいでしょう（**2-6**）。

しかし、食料が不足している、つまり「生きるのに必要な量よりも、とれる食物の期待値が小さい」ときは、ふつうにしていたら死んでしまいます。そういうときはリスクを承知で、多くの獲物にありつける賭けにチャレンジしなければならないでしょう[32]。

生物の世界では、一定以上の損失（捕食、怪我、飢餓など）は、死を意味します。死ぬレベルの損失が10倍になっても100倍になっても、死という意味では同じです。「窮鼠(きゅうそ)猫を噛む」といいますが、生物の世界では、死を目の前にしたら、ギャンブルに打って出るのが合理的でしょう。そのために利益についてはリスク回避になり、一定以上の損失についてはリスク追求になるように進化したのかもしれません。

狩猟・採集時代に適応した心理は、現代の環境ではうまく機能しないこともあります。現代先進国の都市環境は、野生の暮らしよりもはるかに安全です。現在では、一瞬一瞬を生き抜くために進化した感覚に頼るよりも、じっくりと長期的な視野で考える方がうまくいくことも多いでしょう。

32　N・B・Davies、J・R・Krebs、S・A・West著、野間口眞太郎・山岸哲・巌佐庸訳『デイビス・クレブス・ウェスト 行動生態学 原著第4版』(共立出版、2015年)、p.70

Lesson

2-8 「会社の利益」と「自分の利益」、どっちが大事？

インセンティブと意思決定

人々の意思決定は、インセンティブ（**1-3**）によって変わります。

みなさんだったら次の質問に対して、どう答えるでしょうか。

「あなたは大企業の部長で、あるプロジェクトへ投資するかどうかの判断を迫られています。このプロジェクトを実行すれば、確率50％で、２億円の利益が出るか、１億円の損失が出るかのどちらかです。あなたなら、このプロジェクトを実行しますか？」

この質問は、経済学者のセイラーが、ある会社の部長たちに尋ねたものと実質的に同じです。**2-7**でもお話ししましたが、このような問題では「**期待値**」を計算して答えを出すのが合理的とされます。

期待値は「このプロジェクトを無限に繰り返すと、平均ではどれくらいの利益が得られるか」を表すものです。この場合は「２億円×0.5－１億円×0.5」という計算で、平均では5000万円の利益が得られることがわかります。期待値がプラスですから、(他にもっとよいプロジェクトがないかぎり)「このプロジェクトは実行すべきだ」ということになります。

インセンティブが行動を変える

ところが23人の部長のうち、これを実行すると答えたのは３人だけでした。それはなぜでしょうか。セイラーは次のように書いています[33]。

私は、投資をしないと答えていた部長の１人に理由を尋ねた。するとこんな答えが返ってきた。投資が成功すれば、称賛されて、3カ月分ぐらいのボーナスが出るだろう。しかし、もし投資が失敗すれば、解雇される可能性が高い。その部長は自分の仕事が好きで、３カ月分のボーナスを得るだけのために一か八かのギャンブルに出て仕事を失うようなことはしたくなかったのである。(p.268)

私はCEOに言った。「あなたは23件の投資プロジェクトを実行したいのに、3件しか実行されないわけです。あなたは何か判断ミスをしているにちがいありません。リスクをとりたがらない根性なしの管理職を雇ってしまったか、この種のリスクをとりにいっても報われないインセンティブ・システムをつくってしまったかのどちらかです。可能性が高いのは後者のほうですが」（pp.267-268）

文中にある「**CEO**」（chief executive officer、最高経営責任者）というのは、伝統的な日本の会社でいえば「社長」や「会長」にあたる役職です。

部下が組織の利益につながる行動をとるようにインセンティブ・システムを設計するのは、リーダーの仕事です。部長たちが会社の利益になる行動をとるとき、彼ら自身にとっては損になるインセンティブを与えていたことが問題になります。

本来は、「**不確実性**」（uncertainty）のもとで下した事前の判断が妥当なら、結果的に失敗したとしても、責任を問うべきではありません。経営の世界では、健全なチャレンジを奨励するには「失敗を許容する文化」が大切だとよく言われます。

☑ 後知恵バイアス

Check!

「後知恵バイアス」（hindsight bias）[34]という心理現象があります。これは「結果がわかった後では、それが最初から予測できたように感じてしまう」ことで、いわば「結果論」です。プロジェクトが失敗に終わった後では「最初からわかっていただろう」「どうしてあんな愚かな判断を」などと、安易に批判することになりがちです。

---

33 リチャード・セイラー著、遠藤真美訳『行動経済学の逆襲』（早川書房、2016年）

34 ノーベル経済学賞を授与されたカーネマン（Daniel Kahneman）は、『ファスト＆スロー（上）』（村井章子訳、早川書房、2014年）の第19章で、後知恵バイアスについて詳しく書いています。

Lesson
2-9 最後の晩餐はどこで？
活用と探索、イノベーション

意思決定を考えるうえで、短期と長期という観点もあります。

たとえば、「勉強が好きだ」という人はあまりいないでしょう。多くの人は「いい大学を出れば、給料の高い仕事につけそうだ」といった将来の利益のために、現在の苦痛をがまんして勉強するのではないでしょうか。

同じ理屈は、将来の美容や健康のために目先の食欲をがまんするダイエットや、禁酒、禁煙など、いろいろなことにあてはまるでしょう。どれくらい先の将来まで視野に入れて最適化をはかるかによって、行動の選択は変わります。

経営学者のマーチ（James G. March）は「**組織学習**」（organizational learning）を研究するなかで、すでに持っている知識の「**活用**」（exploitation）と、新しい知識の「**探索**」（exploration）のバランスという問題を考えました[35]。日本語で読める解説としては『アルゴリズム思考術』[36]という本をおすすめします。

たとえば「ランチをどこで食べようか」というときに、「おいしいお店を発見したら、ひたすらそこへ通って、同じものを食べ続ける」という人もいます。そういう人は「活用」を重視するタイプといえます。「新しいお店を探して、毎日違うものを食べる」という人もいます。そういう人は「探索」を重視するタイプでしょう。みなさんは、どちらのタイプでしょうか。

活用と探索のバランスが大切

平均点が高いのは「活用」タイプの人でしょう。これまで知っているなかで一番おいしい料理を食べ続けるわけですから、失敗することなく、確実に満足できます。しかし、同じ料理を食べ続けると飽きてくるでしょうし、それ以上においしい料理を発見することはできません。

「探索」タイプの人は、初めての料理にチャレンジし続けるわけですから、まさに試行錯誤で、思いがけないマズさに苦悶するような失敗も多いでしょう。しかし、いつも新しい料理の知識を得られて、ときには最高においしい料理を発見することもあるでしょう。

実際には、10回のうち○回は探索というように、ある程度の割合でバランスをとる人が多いのではないでしょうか。

「探索」と「活用」のどちらを重視すべきかは、「どれくらいの期間で考えるか」「どれくらいの時間が残されているか」にもよります。

「引っ越してきたばかりで、あと10年はこの街に住む」という人なら、きっと新しいお店の探索にわくわくするでしょう。

「10年この街に住んできたけれど、明日で引っ越す」という人なら、「最後の晩餐は、10年間で見つけた一番おいしいお店で」となるのではないでしょうか。

基本的には、残された時間が長ければ長いほど、探索を重視する方がよいということになります。

経営学で「**創造性**」(creativity)、「**適応能力**」(adaptability)、「**革新性**」(innovativeness) といった言葉がありますが、それは将来の成果を高めるために、いま費用をかけて探索を行うということです。

人も組織も、長期的に成果をあげるには、「**イノベーション**」(innovation、創造的な革新) に適度な投資をすることが大切なのでしょう。

多くの動物は、だいたい5％を探索にあてるように進化してきたようです。生物学者のトリヴァースは、次のように書いています。

……動物が完全な学習を行うことはめったにない……継続的な強化の後には、ふつうだいたい95％正しく反応するようになる……たとえ一定のパターンで続いている報酬があるにせよ、さらにすばらしい別の報酬がそのそばにあるかもしれないのだから、このことは野外では適応的なのだろう。[37]

---

35 March, James G., "Exploration and Exploitation in Organizational Learning," Organization Science, 2-1, 1991, pp.71-87.

36 ブライアン・クリスチャン＆トム・グリフィス著、田沢恭子訳『アルゴリズム思考術 問題解決の最強ツール』(早川書房、2017年)、2章

37 ロバート・トリヴァース著、中嶋康裕・福井康雄・原田泰志訳『生物の社会進化』(産業図書、1991年)、p.129

Lesson

2-10

食べ放題で元をとる？

埋没費用とコンコルド効果

意思決定をするうえで「埋没費用」(sunk cost) には注意が必要です。英語のまま「サンク・コスト」と表記されることもあります。

みなさんなら、次のような状況についてどう思いますか？

今つきあっている恋人と別れて、別の人とつきあおうかと迷っている。今の恋人とつきあうために、たくさんのプレゼントをして、懸命に尽くしてきた。そうした過去の「費用」がもったいないので、やはり今のままの関係を続けようか……。

この例にあるような「費用」が「埋没費用」です。それは「過去につかってしまって、今からはもう取り戻せない費用」です。今の恋人との関係を続けても、新しい恋人とつきあっても、埋没費用を回収できないことには変わりがありません。

選択をするときに考えるべきは、費用や効果の「比較」「違い」です。どちらの選択肢でも変わらない費用は、比較の対象になりません。今後の人生を考えて、もし新しい恋人の方がよいと思うのなら、埋没費用はきれいさっぱり忘れて、新しい人生を歩む方がよいのでしょう。

つまらない映画を最後まで見る？

ノンフィクション作家の沢木耕太郎さんが、自身の体験をもとに書いた『深夜特急』という紀行小説があります。そのなかで、主人公がパキスタンのペシャワールで映画館に入り、映画がつまらないので途中で見るのをやめて出てくるというシーンがあります[38]。

みなさんだったら、1900円を払って映画館に入ったけれども、どうにもつまらなくて見る気がなくなったというとき、どうするでしょうか。

払った料金がもったいないので、最後まで見るという人もいるかもしれません。しかし最後まで見ても見なくても、入場料金が戻ってこないのは同じです。

つまらない映画を最後まで見ると、払った1900円に加えて、貴重な時間まで失うことになります。見る価値のない映画だとわかったら、さっさと映画館を出るのが正解だということになります（この本は最後まで読んでいただけることを心から願っています）。

ところで、『深夜特急』の話には続きがあります。映画館を出てしばらく歩くと、警官が追いかけてきて、主人公は殴られ逮捕されそうになります。映画館に爆弾をしかけたテロリストに間違えられたというのです。

さて、私も若いころはそうでしたが、「食べ放題」の店で「元をとる」といって、満腹なのにさらに食べようとする人がいます。しかし考えてみると、無理して食べても苦しいうえに、肥満になったり健康を損ねたりで、何もよいことはありません。

たくさん食べても食べなくても、注文した後では、お金はもう戻ってきません。埋没費用です。あとは効果を最大にする、つまり自分が楽しんで満足できるような食べ方をするのが賢明なのでしょう。苦しいのをがまんして食べても効果を下げるばかりで、費用の節約にはなりません。

☑ コンコルド効果

Check!

埋没費用に惑わされて判断を誤る心理は**「埋没費用効果」**（sunk cost effect）と呼ばれます。**「コンコルド効果」**（Concorde effect）とも呼ばれます。

「コンコルド」というのは、かつて英仏が共同開発した超音速旅客機です。開発の途中でさまざまな問題が発生して、前途に暗雲が立ち込めました。その時点で開発を中止すればよかったのですが、すでに莫大な投資をしていたために後へは引けず、ますます傷口を広げたといわれます。

38 沢木耕太郎『深夜特急4 シルクロード』（新潮社、1994年）、第十章

Lesson

2-11 飛行機に乗るのは怖い?

想起容易性バイアス

意思決定をするうえで、ものごとの確率を正しく見積もるということは大切です。よく起こることに気をつけて、ほぼありえないことは軽視すべきでしょう。ところが現代社会には、確率判断を誤らせるワナがあります。

ノーベル賞を授与された行動経済学者のカーネマンは、「**想起容易性バイアス**」(availability bias) という心理を明らかにしました[39]。「利用可能性バイアス」とも翻訳されます。

人間は、ものごとの確率を「想起容易性」(想い起こしやすさ) によって判断します。経験回数の多いことは記憶によく残り、思い出しやすくなります。

たとえばクマの危険度なら、これまでに何回クマを見たか、何回襲われそうになったか、襲われて死傷した人を見たことがあるか、といった記憶から判断します。そうした経験回数にもとづく確率判断は、野生の世界ではうまく機能するはずです。

ところが現代の人間社会には報道というものがあり、実際には経験していないことを、映像や音声でリアルに疑似体験します。

たとえば飛行機は、人口あたりの死者数でいえば、自動車よりもはるかに安全な乗り物です。「交通安全白書」[40]によると、2019年の航空事故の国内死者数は (グライダーやヘリコプターも含めて) 1人でした。これに対して、道路交通事故の死者数は3000人以上にのぼります。

しかし、(私もそうですが) 飛行機に乗ることを過剰に怖がる人は多いようです。

世界のどこかで飛行機事故が起こると、たいていは衝撃的な映像とともに大きく報道されます。報道がなければ知るはずもない事故の映像を繰り返し見て、記憶に深く刻むことになります。そのために錯覚を起こして、飛行機事故の確率を実際よりもかなり高く感じるのです。

クマに襲われて亡くなる人は、近年の日本の平均では年間に1人か2人で、数千万人に1人という確率です[41]。こんな確率を気にするのなら、自動車にはとても乗れないでしょう。これについても、報道によって過大に印象づけられている人が多いのではないでしょうか。

発信者の意図を読む

ジャーナリズムの世界では昔から「犬が人を噛んでもニュースにならないが、人が犬を噛めばニュースになる」といわれます。興味をひくような奇抜な話、驚くような話を持ってこなければ、売れるニュースにはならないということです。

報道関係者の多くは「真実を伝える」という職業倫理を持っていると思います。しかし同時に、注目を集めて「売上や広告収入を増やしたい」「活躍の場を広げたい」といったインセンティブが働いても不思議ではありません。

報道にかぎりませんが、情報を解釈するときは発信者の利害やインセンティブを見抜いて、「**バイアス**」(bias、偏り)を補正することが大切でしょう。

世の中には、奇妙な話があふれています。たとえば私の職場には、ときどき不動産投資を勧誘する電話がかかってきます。「必ず儲かる」といわんばかりに投資をすすめてきます。しかし、本当に儲かるのなら自分でやればいいはずで、他人にすすめて手数料を稼ごうとするのは不思議です。

ギャンブルの予想や必勝法といった「情報商材」も不思議です。本当にそういうノウハウがあるのなら、情報を売って小銭を稼ぐよりも、自分でやる方がずっと儲かるはずです。

ダマされず賢く生きるうえで、科学的・論理的な思考や、経営学の知識はきっと役に立つはずです。

---

39 ダニエル・カーネマン著、村井章子訳『ファスト&スロー(上) あなたの意思はどのように決まるか?』(早川書房、2014年)、第12章、第13章

40 内閣府「交通安全白書 令和2年版」、https://www8.cao.go.jp/koutu/taisaku/r02kou_haku/pdf/gaiyo.pdf

41 環境省「クマに関する各種情報・取組」、https://www.env.go.jp/nature/choju/effort/effort12/effort12.html

•Column 2•

ブラジルで蝶が羽ばたくと、テキサスでトルネードが起こる？

複雑系とバタフライ効果

「塞翁が馬」という故事をご存じでしょうか。

塞翁は、飼い馬に逃げられるという不幸にあいます。ところが、逃げた馬がもう一頭の馬を連れ帰るという幸運が訪れます。しかし、その馬に乗った息子が落馬して怪我をするという災難にみまわれます。ところが戦争が起こって、息子は怪我をしていたために招集されず命拾いをします。

「風が吹けば桶屋が儲かる」という話もあります。

風が吹くと、巻き上がる土ぼこりが目に入って、盲人が増えます。盲人は三味線弾きになろうとして、三味線が売れます。すると三味線の材料となる猫の皮が売れるので、猫が獲られて減ります。猫が減ると鼠が増えて、桶をかじります。それで桶屋が儲かるという話です。

「**複雑系**」（complexity）の分野では、「ブラジルで蝶が羽ばたくと、テキサスでトルネードが起こるか？」[42]という「**バタフライ効果**」（butterfly effect）が話題になります。初期のわずかな違いが、後には大きな違いを生むという話です。

こじつけに聞こえるかもしれませんが、ときには因果が複雑なために先行きを予想しにくかったり、小さな偶然が後の歴史を大きく変えるといったことはあるでしょう。

複雑な関係を見きわめて費用や効果を見積もり、将来を見通して意思決定するのは、現実にはとても難しいでしょう。だからこそ、優れたバランス感覚をもち、賢い判断のできる人材は貴重なのです。

42　この表現は、気象学者のローレンツ（Edward N. Lorenz）が講演のタイトルにつかったものです。http://eaps4.mit.edu/research/Lorenz/Butterfly_1972.pdf

第3章

価格のしくみを理解して、売上と利益を増やす「価格戦略」

第3章～第5章では、戦略について考えます。

この第3章では、価格戦略を学びます。

商品の売り手は、売上や利益を増やすために、さまざまな価格戦略を考えます。その手法を理解するには、価格が決まるしくみ、利益の出るしくみ、費用の種類などについて知る必要があります。

そうした価格戦略にまつわる、さまざまな用語や考え方を説明します。

Lesson
3-1 人を見て値段を変える？

価格差別、支払意思額、固定費と変動費

経済学で「**一物一価**」(the law of one price) と呼ばれる法則があります。「同じ物の価格はどこでも同じ」という意味です。

現実の世界で、「一物一価」は成り立つのでしょうか。

500mlのペットボトルで売られている緑茶飲料を何か思い浮かべてください(正確にいえば、最近は525mlのものが多いようです)。それは、どこでも同じ値段で売っているでしょうか。

たとえば、自販機では150円、コンビニでは130円、スーパーでは100円、ディスカウント・ストアでは70円というように、買う場所によって倍以上の価格差がついていることも珍しくないのではないでしょうか。

「原価が違うので価格が違う」ということもあるでしょう。しかし原価がほぼ同じでも、戦略的に異なる価格を設定することはよくあります。これを「**価格差別**」(price discrimination) といいます。

固定費と変動費

費用は大きく「**固定費**」(fixed cost) と「**変動費**」(variable cost) に分かれます。たとえば、一般的な飲食店の費用の内訳は、**図3**のようなものです。

固定費は、商品の販売量とあまり関係なく発生する費用です。

従業員やアルバイトに月給や時給といった形で給料を払っていて、お客が来ても来なくても賃金が発生するのなら、「人件費」は固定費といえます。

「諸経費」に含まれる水道光熱費のうち、照明やエアコンの電気代のように、お客がいてもいなくてもかかるものも固定費でしょう。

「家賃」も、月額いくらで売上に関係なくかかるのなら、固定費でしょう。

これに対して変動費は、販売量にだいたい比例して発生する費用です。

「材料費」は、お客が注文した料理を出すたびに発生する費用ですから、変

図3　一般的な飲食店の費用と利益

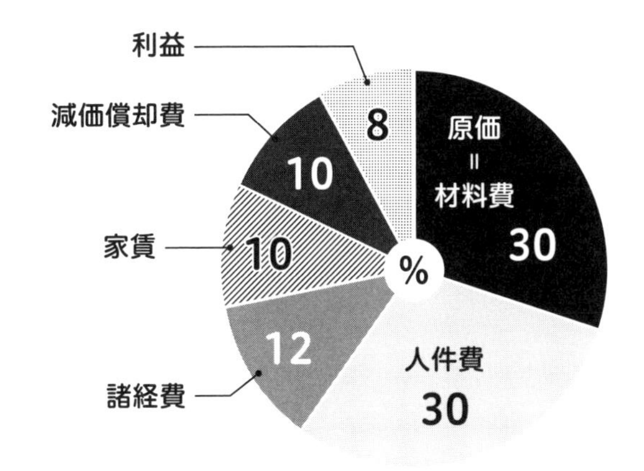

参照：齋藤俊成「ぼったくられないための「モノの原価」大辞典」
PRESIDENT 2015年3月30日号
https://president.jp/articles/-/14752

動費になります（売上がなくても古くなった食材を廃棄しなければならないようなこともあり、厳密なものではありません）。

お客の注文に応じて炒めものをつくるときのガス代なども、販売量によって変わるので変動費でしょう。

「減価償却費」（**1-6**）は、会計上は客数と関係なく発生しますが、実際には備品の消耗や破損が客数に比例するということもあるでしょう。

☑ 支払意思額

Check!

ある商品に「この値段までなら払ってもいい」という金額は、人によって違います。その金額を**「支払意思額」**（willingness to pay）といいます。経済学では**「留保価格」**（reservation price）ともいいます。

「支払意思額」は人によって違うということが、価格戦略を考えるうえで重要になります。売り手は、多く払うつもりの人にはたくさん払ってもらい、あまり払う気がない人には値引きをしてでも買ってもらおうと、さまざまな価格戦略を考えるのです。

Lesson 3-2

高級ホテルでも原価は1000円以下？

限界費用

変動費のなかでも、とくに「販売量を1単位だけ増やすとき、追加で発生する費用」のことを、経済学では「**限界費用**」(marginal cost) といいます。

たとえば、「ボーイング777」という旅客機の座席数は、ざっと400席ほどあるそうです。いま、ある国内便の座席が半分しか売れていないとします。お客を追加でもう1人乗せる費用（限界費用）はどれくらいでしょうか。

大切なのは、比較という考え方です。もう1人乗せるか乗せないかという比較ですから、どちらにしても発生する費用は無視して考えます。

たとえば、機体の購入（リース）や整備にかかわる費用は巨額ですが、これらはお客をもう1人乗せても乗せなくても変わらない固定費です。客室乗務員や地上スタッフの人件費も、お客が1人増えても変わらないのであれば、限界費用の計算には含まれません。

その他の費用で大きな割合を占めるのは燃油費でしょう。しかし、ボーイング777の総重量は200トンくらいです。お客の平均体重を60kgとすると、1人の体重は飛行機の総重量の0.03%にしかなりません（60kg÷200トン＝0.0003）。

燃油費は、お客が1人増えたくらいではほとんど変わらないでしょう。たとえば燃油費が100万円だとしても、（重量比では）お客1人あたり300円にしかなりません（100万円×0.03%＝300円）。燃油費のほとんどは、お客が乗っても乗らなくても、飛行機が飛ぶだけで発生するのです。

他に追加でかかる費用は、機内サービスのドリンクや消耗品などでしょう。わずかな限界費用を超える金額を払ってもらえるのなら、もう1人お客を乗せて飛ぶ方が経営にはプラスでしょう。

「固定費も回収しないと経営が成り立たないのでは？」と思った読者もいると思います。そのとおりで、最終的には固定費も回収しないと赤字になってしまいます。

それでも、限界費用を上まわる収入があれば、固定費を回収する足しにはなります。限界費用よりも高い価格なら、売らないよりは売る方がいいのです。そうすると、競争が激しいときには、価格は限界費用に近づいていきます。

限界利益と固定費

会計学では、売上から変動費を引いたものを「**限界利益**」(marginal profit)といいます。限界利益から、さらに固定費を引いたものが利益になります。具体的な計算例は、**4-5**で紹介します。

航空業界のように固定費が大きな割合を占めるビジネスでは、利用客の減少や価格競争で限界利益が減ると、固定費を回収できず業績が急速に悪化することがあります。

米国の航空大手４社は、「新型コロナ」の影響が本格化する前の2020年１～３月期の段階で、すべての会社が赤字になりました[43]。また、2020年４～６月期の日本航空（JAL）とANAホールディングスの最終損益は、合計で約2000億円の赤字になりました[44]。

固定費が大きいという点では、ホテル業界も似たような費用構造です。

土地や建物や設備にかかる費用の多くは、客数とあまり関係なく発生する固定費です。変動費は、客室の水道光熱費、清掃・クリーニング、消耗品などです。お客１人を泊める変動費（限界費用）は、「高級ホテルでもおそらく1000円を超えることはないだろう」[45]といわれます。

「限界費用」という考え方は、経済学では必ず出てくるので、知っておいて損はないでしょう。ビジネスの現場では、ざっくり「変動費」という方が一般的かもしれません。

43 JIJI.COM「米航空大手、全社が赤字 新型コロナ打撃、旅行需要が急減」2020年５月２日、https://sp.m.jiji.com/article/show/2379760

44 日本経済新聞「JALとANA、最終損益は計２千億円赤字、４～６月」2020年８月３日、https://www.nikkei.com/article/DGXMZO62252090T00C20A8TJ2000/

45 田中靖浩「ホテル業界 価格戦略のウラ側」WEDGE Infinity、2009年７月24日、https://wedge.ismedia.jp/articles/-/462

Lesson **3-3**

23円の値下げで売上が30倍？

価格弾力性、衝動買い

3-1で、「払える人には多く払ってもらい、払えない人には（限界費用を超える価格なら）安くしても売る」という価格差別の話をしました。売り手は、これをどう実現するのでしょうか。

ひとつの方法は、人それぞれの「価格への敏感さ」によって販売価格を変えるというものです。経済学では「**価格弾力性**」（price elasticity）という言葉をつかいます。「価格の変化に応じて、需要がどれくらい弾力的（柔軟）に変化するか」ということです。

「価格弾力性が高い」というのは「価格に敏感だ」ということ、つまり「顧客が価格に敏感に反応して、販売量が大きく変わる」ということです。

「価格弾力性が低い」というのは「価格に鈍感だ」ということ、つまり「価格を変えても売れ行きはあまり変わらない」ということです。

たとえばスーパーの「西友」は、2017年の夏に商品の値下げを実施しました。「キャノーラサラダ油 1000g」を23円値下げ（218円→195円）したところ、売上が約30倍になったそうです[46]。これは非常に価格弾力性が高い（消費者が価格に敏感な）例でしょう。費用構造にもよりますが、おそらく値下げによって、利益もかなり増えたはずです。

弁当チェーンの「ほっともっと」では、2018年の春に「のり弁当」を50円値下げ（350円→300円）しました。その効果で販売量が約２倍になっただけでなく、新規の来店客が増え、客数も約７％伸びたそうです。さらに「しょうが焼き弁当」や「から揚げ弁当」といった、より値段の高い商品の売上が増えるという効果もありました[47]。

「のり弁当」を目当てに来店したお客が、実際に店内のメニューを見ると他のものが食べたくなる、ということもあったのでしょう。

衝動買い（計画外消費）と希少性

マーケティングでは、そうした「**衝動買い**」(impulse buying)、「**計画外消費**」(unplanned consumption) を狙う戦術もよくつかわれます。

私は近所の「マクドナルド」をよく利用しますが、定番の「ハンバーガー」(単品110円) のような商品を思い浮かべて、安く食べられるイメージで気軽にお店へ行きます。ところがお店に入ると、「ごはんチキンタツタ」(単品440円) のような期間限定商品が大きく目に飛び込んできて、急に気持ちが揺らぐことになります（商品や価格（税込）は執筆時点のものです）。

人間には「期間限定」「地域限定」「数量限定」といった希少価値（**5-9**）に魅力を感じる心理があります。

「今しか買えない」「ここでしか買えない」「売り切れたら買えない」と思うと、ついつい欲しくなってしまいます。チャルディーニ (Robert B. Cialdini) は「影響力の武器」のひとつとして、このような「**希少性**」(scarcity) をあげています[48]。

「モノ余り」といわれる時代ですが、新しい商品、珍しい商品には多くの人が興味をそそられます。それはおそらく「探索」(**2-9**) や「スノッブ効果」(**3-6**) とも関係があるのでしょう。

売り手は、主力商品と一緒に買いたくなるような補完商品 (3-7) もすすめてきます。ハンバーガーを買うとなると、セットのドリンクなども欲しくなります。気がつくと、想定したよりもかなり多い金額を払っていることがあります。

もしかすると、衝動買いやキャプティブ価格 (3-7) を狙う売り手の戦略にはまっているのかもしれません。

46 テレビ東京「WBS」2017年10月13日放送

47 テレビ東京「WBS」2018年6月1日放送

48 ロバート・B・チャルディーニ著、社会行動研究会訳『影響力の武器』(誠信書房、2014年)、第7章

Lesson 3-4

子ども料金や学割でお店が儲かる？

価格弾力性による価格差別

「価格弾力性による価格差別」のひとつに、身分や個人属性による価格差別があります。たとえば、「子ども料金」「学生割引」「女性割引」「高齢者割引」といったものです。

一見すると、売り手が「子ども」「学生」「女性」「高齢者」に対して親切にしているようにも見えます。しかし、本当にそうでしょうか。

これらの共通点は、平均でいえば所得の低い（おそらく価格に敏感な）顧客層に対して値引きをしているということです。価格に敏感な顧客は、少しの値下げにも敏感に反応するので、値下げによって販売量がかなり増えるでしょう。そうすると（費用構造によりますが）売り手の利益はむしろ増える可能性があります。価格に敏感な顧客層だけを選んで値引きをするのは、実は売り手の利益を増やす戦略かもしれません。

「地域による価格差別」というものもあります。同じ自動車やCDが、所得水準の低い国では安く売られていることがあります。

経済学者による調査では、ヨーロッパで売られる自動車の価格は、同じ車種でも国によって大きく違います。たとえば、2003年に販売されたフォルクスワーゲン「ゴルフ」の価格は、ドイツではポルトガルよりも10%、ギリシャよりも25%ほど高く設定されていました[49]。

ポルトガルやギリシャは、ドイツよりも所得水準が低い（≒価格弾力性が高い）国です。そうした国で価格を安くすると販売量が大きく伸びて、自動車メーカーの利益はむしろ増える可能性があります。

為替レートと購買力平価

ところで、国によって通貨の単位が違うとき、どうやって価格を比較するのでしょうか。

「**為替レート**」(foreign exchange rate) をつかうこともあります。これは「通貨の需要と供給を反映して、外国為替市場で決まる交換比率」ですが、さまざまな要因で刻々と変動します。

「**購買力平価**」(purchasing power parity、PPP) という考え方もあります。これは「同じ商品の価格は世界中どこでも同じはずだ」という一物一価の法則にもとづきます。いろいろな国で売られている同じ商品の値段を比較することで、通貨の交換比率を割り出すのです。

よく知られる例として「ビッグマック指数」があります。本書の執筆時点では、日本マクドナルドのビッグマックは390円、米国では5.71ドルのようです。

この価格をもとに、1ドルが何円にあたるか計算すると、「390円÷5.71ドル≒68円/ドル」で、1ドルは約68円だということになります。この時点の為替レートは1ドル=約107円ですから、仮にビッグマック指数が正しいとすれば、為替レートは大幅に円安に振れていることになります。

なお、「同じ1ドルに対して、円をたくさん出さなければ釣り合わなくなった」ということは、「円の価値が下がった」「円安になった」ということです。「1ドル=100円」だったのが「1ドル=110円」になったら円安、「1ドル=90円」になったら円高です。円の金額が大きくなると円安、小さくなると円高なので、ご注意ください。

売り手は慈善の精神で、所得の低い人々に配慮しているのでしょうか。そういうこともあるのかもしれませんが、基本的には「価格弾力性が高いときは、価格を安くする方が利益は増える」という戦略的な判断なのでしょう。

49 スティーヴン・レヴィット、オースタン・グールズビー、チャド・サイヴァーソン著、安田洋祐監訳、高遠裕子訳『レヴィット ミクロ経済学 発展編』(東洋経済新報社、2018年)、10.3

Lesson

3-5 なぜ、文庫本は時間差で発売される？

価格スキミング

「価格弾力性による価格差別」（**3-4**）は、「価格に敏感な顧客層には低価格、価格に鈍感な顧客層には高価格を設定する」というものでした。

これに対して、「自己選択による価格差別」というものもあります。「売り手がいくつかの価格帯を用意して、買い手自身に選んでもらう」という手法です。

私は大学生のときに村上春樹さんの『ノルウェイの森』を読んで、冒頭からため息が出るような文章表現に魅了されました。ところで、人気作家の本は最初に単行本として出版され、時間が経ってから文庫化されることが多いようです。それはなぜでしょうか。

本づくりの初期にかかる固定費を回収するには、それなりに大きな利幅が必要です。単行本は文庫本よりも価格が高く、限界利益（**3-2**）も大きいでしょう。

発売後すぐに単行本を買うのは、その本に高い価値を認めるファンだったり、お金持ちだったり、いずれにせよ価格にはあまりこだわらない人たちです。最初から安い文庫本を出してしまったら、そういう人たちから大きな利益を稼ぐ機会を逃してしまいます。

単行本を買うような人たちがひととおり買い終わり、本が売れなくなってきたころに、安い文庫本を出すわけです。そうすると今度は、それまでの値段では買おうとしなかった人たち、つまり価格に敏感な人たちが本を買ってくれます。こうして、二段構えで利益を大きくしているのでしょう。

最初は価格を高く設定して、だんだん値下げしていく戦略を「**価格スキミング**」（price skimming）といいます。skimは「上層をすくいとる」という意味です。アイスクリームをスプーンですくって、上の方を食べきったら、だんだん下へと降りていくイメージです。最初は利幅を大きくとり、少しずつ価格に敏感な（人数の多い）層へ向けて価格を下げるのです。

価格支配力、独占、差別化

価格スキミングを行うには、商品価格を変える必要があります。「売り手が（利益を増やすように）価格を決める力」を、経済学では「**価格支配力**」(pricing power) や「**市場支配力**」(market power) といいます。

ライバルが少ないほど（商品の独自性が強いほど）、価格支配力は強くなります。その最たるものは「**独占**」(monopoly)、つまり「1社だけが販売している」状態です。アップルがiPhoneを発売したときのように、イノベーションによって魅力的な新商品を生み出せば、（模倣品やライバルが現れるまでは）独占の地位を謳歌できます。

独占には至らなくても、多くの企業は商品を「差別化」(**5-3**、**5-4**) して、ライバルにはない独自の魅力をアピールします。そうすることで「私はこの商品が特別に好きだ」と思ってくれる顧客に対しては、相応の価格支配力をもつことができます。

商品に対する顧客の愛着やリピート率のことを「**顧客ロイヤルティ**」(customer loyalty) といいます。

☑ コモディティ化

Check!

独占や差別化に成功しても、やがてライバルや模倣品が増えて、どの商品も似たり寄ったりになることもあります。これを**「コモディティ化」**(commoditization) といいます。

どこで買っても、機能や品質にほとんど差のない商品を**「コモディティ」**(commodity) といいます。たとえば、車にレギュラーガソリンを入れるとき、ブランドによってエンジンの調子や燃費が変わると思う人はあまりいないでしょう。たまたま近くにあるとか、価格が安いという理由でスタンドを選ぶのではないでしょうか。

ありふれた商品、いくらでも代わりのある商品を売るときは、好きなように価格を決めることはできません。相場よりも高い値段をつければ、お客はライバルに流れて、売上も利益も減るだけでしょう。

Lesson 3-6

なぜ、みんなZoomをつかう？

ネットワーク効果、先行者優位、勢力拡大価格

「価格スキミング」とは対照的に、最初は利益を度外視して安い価格をつける「**勢力拡大価格**」(penetration pricing) という戦略もあります。「市場浸透価格」とも翻訳されます。

これから順を追って説明しますが、「ネットワーク効果」や「スイッチング・コスト」による「ロック・イン」のために、逆転が起こりにくいタイプの競争があります。「先行者優位」があるために「勝者総取り」になるのです。

「**ネットワーク効果**」(network effect) は、「利用者数の増加とともに、商品やサービスの価値が高まる」という現象です。「**ネットワークの外部性**」(network externalities) ともいいます。「**バンドワゴン効果**」(bandwagon effect) という言い方もあります。「みんなと同じことをしたい」「勝ち馬に乗る」ということです。

本書の執筆時点では「新型コロナ」の影響で、ビデオ会議の利用が増えています。ビデオ会議のアプリはいろいろとあります。みなさんだったら、何をどんな理由で選ぶでしょうか。

ここでポイントになるのは、ビデオ会議をするには他の参加者と同じアプリをつかう必要があることです。誰もつかわないアプリを自分だけ持っていても仕方がありません。たとえば他の人が「Zoom」をつかうのなら、自分もそうするしかありません。

多くの人と同じアプリをつかえば、多数の人とコミュニケーションがとれます。「利用者が増えるほど、ネットワークの価値は高くなる」ということです。これがネットワーク効果です。

そうすると必然的に、人気のアプリはますます人気になります。これを「**正のフィード・バック**」(positive feed-back) といいます。好循環や悪循環のような現象です。

他の人たちにつられて自分も人気アプリをつかってみると、だんだんつかい方に慣れて、便利な機能を覚え、愛着もわきます。そこで「**スイッチング・コスト**」（switching cost、乗り換え費用）が発生します。

ひとつのアプリに慣れると、他のアプリに乗り換えるのが億劫になります。乗り換えると、新たにセッティングをしたり、操作や機能を覚えるのに時間やストレスが（有料アプリなら購入費も）かかります。これらがスイッチング・コストです。

スイッチング・コストのために、利用者は人気アプリに「**ロック・イン**」（lock-in、閉じ込め）されます。「囲い込まれる」「つかい続けるしかなくなる」ということです。

こうしたことから「**先行者優位**」（first-mover advantages）が生まれます。ネットワーク効果がはたらく競争では、正のフィード・バックで、いったん優位に立った先行者はますます強くなります。また、スイッチング・コストとロック・インによって、後発者が先行者の顧客を奪うのは難しくなります。そのため、先行者は後発者をどんどん引き離して「**勝者総取り**」（winner-take-all、１人勝ち）になりやすいといえます。

そういうタイプの競争で「勢力拡大価格」が有効になります。将来の大きな利益のために、最初は利益を度外視する低価格で商品を売り、ライバルよりも早く顧客を囲い込もうとする戦略です。

2-9では短期と長期のバランスについてお話ししました。戦略でも将来を見すえて、「長期でトータルの利益を最大化する」という視点が大切でしょう。

Check!

☑スノッブ効果

バンドワゴン効果とは逆に、「みんなと同じは嫌だ」「自分らしく、人と違っていたい」という「スノッブ効果」（snob effect）という心理もあります。

ユニクロ商品の人気が高いために、一時期「ユニバレ」（ユニクロを着ているのがバレる）や「ユニかぶり」（自分と同じユニクロを他の人も着ている）という言葉が流行りました。これはスノッブ効果の表れかもしれません。

Lesson 3-7

なぜ、プリンタは安すぎる？

キャプティブ価格

スイッチング・コストやロック・インを利用した「**キャプティブ価格**」(captive pricing) という戦略もあります。

これは「補完的な商品群のなかで、入り口になる商品の価格を安くして顧客を誘い込み、ロック・インしてから、他の補完商品で大きな利益を得る戦略」です。キャプティブは「囚われた、監禁された」という意味です。監禁というと物騒ですが、顧客をロック・イン（閉じ込め）するのはたしかです。

本書の執筆時点でプリンタの売れ筋商品を「価格.com」で見ると、6000円くらいのインクジェット・プリンタが1位になっていました。コピーやスキャンもできて、ふつうにつかうには十分な機能のプリンタです。

このプリンタの純正インクは、大容量カートリッジが1セットで5000円くらいでした。インクを1回買い換えると、プリンタ本体とあまり変わらない出費になってしまいます。

補完性と代替性

プリンタとインクは「**補完商品**」(complementary goods) です。経済学ではたいてい「補完財」と翻訳されます。「お互いの価値を高め合う商品」のことです。

たとえば、「ハミガキ」だけあってもあまりつかいようがありませんが、「ハブラシ」とセットになると、毎日なくてはならない存在になります。これらは、お互いに相手の価値を高める補完商品でしょう。

私が学生時代に読んだ教科書には、ピーナッツとビールの例が載っていたと思います。あるいはパンとバターでもいいのですが、「片方だけのときよりも、両方そろったときに価値が高くなる」ような組み合わせが補完商品です。「片方を買うと、もう一方も買いたくなる」ということです。そうした性質を「**補完性**」(complementarity) といいます。

ついでにいうと「**代替商品**」(substitute goods) というものもあります。これは「代わりになる」「一方があれば、もう一方の必要性が小さくなる」ような商品の組み合わせです。そうした性質を「**代替性**」(substitutability) といいます。

ハミガキとマウス・ウォッシュ (洗口液) は、あまり同時にはつかわず、どちらかを選ぶことが多いので、代替商品でしょう。ピーナッツとポテトチップス、ビールとウイスキー、パンとごはん、バターとマーガリンなども代替商品でしょう。

キャプティブ価格の戦略

さて、プリンタとインクの補完性はとても強いので、一度プリンタを売れば、その後は繰り返しインクも買ってもらえるはずです。

そこで売り手は、入り口になるプリンタの値段を安くして、顧客を誘い込もうとします。顧客はプリンタが安いことにはすぐ気がつきますが、インクが高いことには買い換えるまで気づかないかもしれません。

プリンタを買ってつかい方を覚えた顧客には、スイッチング・コストが発生します。他のプリンタに乗り換えると、その購入費だけでなく、新たに操作を覚える時間やストレスといった費用もかかります。

こうして売り手は、プリンタの価格を安くして顧客を誘い込み、ロック・インしてから、インクでゆっくりと利益をあげる戦略をとります。これが「キャプティブ価格」です。

キャプティブ価格は、「お客を呼ぶ商品」と「利益をあげる商品」の役割分担を考えるという点では、次に紹介する「マージン・ミックス」とよく似ています。

キャプティブ価格の特徴は、耐久消費財 (安全カミソリやゲーム機や携帯電話) を安く売って、お客を長期間ロック・インし、消耗品や補完商品 (替刃やゲーム・ソフトや通話料) から大きな利益を得ようとするところにあります。

Lesson
3-8 なぜ、ハンバーガーを100円で売って儲かる？
マージン・ミックス

多くの商品をあつかう小売店や飲食店では、「お客を呼ぶ商品」と「利益をあげる商品」の役割分担を考えています。

スーパーなら、特売商品というものがあります。たとえば卵を特売にして、チラシで宣伝します。それを目当てに来店したお客も、さすがに卵だけ買って帰るのは効率が悪いので、ついでに他の商品も買ってくれます。卵で損をしたとしても、トータルの売上から利益が出ればよいのです。

ドラッグストアで食料品が安いのはなぜでしょうか。

一般的にドラッグストアでは、安い食料品が集客の役割を担っています。それではどこで利益を出すかというと、医薬品や化粧品の利幅がかなり大きいのです[50]。

こうしたさまざまな商品の「**粗利**（あらり）」（margin、売上総利益）の組み合わせを「**マージン・ミックス**」（margin mix）といいます。粗利は「売上から商品の原価を引いた金額」です。

ハンバーガー店のマージン・ミックス

図4は、一般的なハンバーガー店の費用構造です。

100円バーガーの原価（材料費）は60円で、粗利は40円（40%）です。粗利からさらに人件費・光熱費などを引いた「営業利益」は５円（５%）です。お客を呼ぶ入り口になる看板商品ですから、利益を削って低価格にしているのでしょう。

240円のポテトの原価は85円で、粗利は155円（約65%）になります。さらにドリンクもつけて430円のセットにすると、粗利の合計は250円（約58%）になります。

ハンバーガーを安くしてお客を呼び、利幅の大きな補完商品とのセットで売って、トータルの利益を大きくしようという戦略でしょう。

図4　あるハンバーガー店の原価と利益

参照：TBS「儲かりマンデー！！」2004年6月20日放送
https://www.tbs.co.jp/gacchiri/archives/2004/0620.html

このように、利幅の薄い（客を呼ぶ）商品と、利幅の大きな（利益を出す）商品をうまく組み合わせて、全体として利益を最大化するマージン・ミックスを考えるのです。

100円寿司のように価格が一律でも、原価は商品ごとに違います。ひとつの例ですが、ウニが80円、マグロが75円、イクラが50円、玉子が30円、サラダが10円など、原価にはかなりのばらつきがあります[51]。

ピザのトッピング料が一律300円でも、原価はサラミが100円、ベーコンが75円、コーンが60円、トマトが50円、ツナが40円、ポテトが30円、オニオンが15円などとなっています[52]。

50　森山真二「ドラッグストアが薬よりも化粧品や食品にますます力を入れる理由」DIAMOND online、2019年3月26日、https://diamond.jp/articles/-/197839

51　TBS「儲かりマンデー！！」2004年6月20日放送、https://www.tbs.co.jp/gacchiri/archives/2004/0620.html

52　TBS「儲かりマンデー！！」2004年8月22日放送、https://www.tbs.co.jp/gacchiri/archives/2004/0822.html

Lesson **3-9**

割引クーポンの真の狙いは？

バージョン分けと極端回避

「自己選択による価格差別」（**3-5**）の例を、もう少し紹介しましょう。

私がよく行く牛丼屋では、牛丼が50円引きになるクーポン券をときどき渡してくれます。そうした割引クーポンも、価格差別の手段かもしれません。

この戦略のポイントは、割引の利用に金銭以外のコストが発生するところにあります。

クーポン券をもらったことを覚えておいて、次回に忘れずつかうのは、忙しい人にとってはかなり面倒です。限られた注意力を50円の節約につかうよりも、仕事に神経を集中する方がよいかもしれません。価格にこだわらない人なら、クーポン券をさっさとゴミ箱に捨てるでしょう。

わざわざクーポン券をつかうのは、価格に敏感な人だけになります。お客に自分の行動を選択してもらうことで、売り手はそういう人だけを狙い撃ちして値引きできるのです。

バージョン分けするだけで儲かる？

「**バージョン分け**」（versioning）という手法もあります。

飲食店のメニューにはよく「特上」「上」「並」や「松」「竹」「梅」のように、いくつかの価格帯があります。それはなぜでしょうか。

ランチのメニューに1000円の「竹にぎり」しかないお寿司屋さんがあるとしましょう。

3-1で、「支払意思額」（ある商品に対して払ってもよいと思う金額）は人によって違うという話をしました。

たとえば、医者のAさんは「ランチに1500円は余裕かな」という感覚です。サラリーマンのBさんは「ランチには1000円まで」というところです。学生のCさんは「ランチは500円まで」と決めています。

この３人で考えると、AさんとBさんは1000円の「竹にぎり」を食べてくれます。Cさんは予算オーバーであきらめることになります。

このお寿司屋さんが、もっと利益を増やす方法はないのでしょうか。

「松にぎり」1500円、「竹にぎり」1000円、「梅にぎり」500円と、３つのバージョンを用意したらどうでしょう。

このバージョン分けで、Aさんは価格の高い（ふつうは利益額も大きい）「松にぎり」を食べてくれるでしょう。Cさんも、今度は500円の「梅にぎり」を食べられます。

このようにバージョン分けをするだけで、利益を増やすことができるのです。

ただし、バージョン分けの費用がかかりすぎないように、食材や調理を共通化するといった「範囲の経済性」（**4-4**）を考える必要はあります。

Check!

☑ 極端回避

3つの価格帯があると、多くの人は真ん中の商品を選ぶことが知られています。「高いのは贅沢だし、安いのは恥ずかしい」と思うのかもしれません。「真ん中がふつうで無難かな」と考えるのかもしれません。そうした心理は行動経済学で**「極端回避」**（extremeness aversion）と呼ばれます。「ゴルディロックス効果」（Goldilocks effect）や「松竹梅の法則」とも呼ばれます。売り手はそのことを知っているので、真ん中の商品の利幅を大きくしておくこともあるのです。

column 3

リアルでチェックして、ネットで買う？

ショールーム化

休日の少ないビジネス・パーソンは、リアル店舗でゆっくり買い物をする時間はあまりないでしょう。もっぱらネット・ショッピングですませるという人も多いのではないでしょうか。

リアル店舗とネット・ショップにかかわる問題で、「ショールーム化」（showrooming）というものがあります。リアルがネットの「ショールーム」にされてしまうという現象です。

たとえば家電製品を探すお客は、まずリアル店舗へ行きます。そこで実物を手にとり、店員から説明を聞いて、商品情報を集めます。そして買うものが決まると、おもむろにスマホを取り出して、安いネット・ショップから購入するのです。

実店舗では、店舗の家賃や接客の人件費といった固定費をまかなうために、ある程度の利幅をとらなければ経営が成り立ちません。ネット販売ではそうした費用があまりかからないので、リアル店舗よりも安く売ることができます。

実店舗で情報を集め、安いネット・ショップで買うのは、消費者にとっては合理的な行動です。しかし、費用だけかかって売上につながらないリアル店舗としては、踏んだり蹴ったりでしょう。

いろいろな観点から、この現象をとらえることができるでしょう。

生態学的には、「消費者やネット店舗が、リアル店舗に寄生している」と言うこともできます。

経済学的には、「消費者やネット店舗が、リアル店舗に外部費用をもたらしている（リアル店舗が、消費者やネット店舗に外部便益をもたらしている）」という言い方もできます。

経営学的には、「リアル店舗が、サービスのマネタイズ（monetize、収益化）に失敗している」（費用を効果につなげられない）と見ることもできるでしょう。

第4章

相乗効果を生み、コストを下げる「多角化戦略」と「経済性」

第４章では、「多角化戦略」について考えます。

相性のよい事業をうまく組み合わせて経営すると、資源を共同利用することで費用を節約したり、「補完性」を活かして全体の売上を増やすなど、相乗効果を生むことができます。

また、「範囲の経済性」「規模の経済性」「速度の経済性」「密度の経済性」など、ビジネスで「費用対効果」を高めるさまざまな手法を紹介します。

Lesson
4-1 なぜ、吉野家はメニューを増やした？

リスク分散と経営多角化

生物学者のダイアモンド（Jared M. Diamond）は、ニューギニアでの調査中に、ある疑問を抱きます。

ダイアモンドはたまたま、ニューギニア人の知り合いが畑で作業をしているのを見かけます。しかしその場所は、村や他の畑から1キロ以上は離れています。移動に時間がかかって、農作業や見回りが非効率にならないかと、ダイアモンドは不思議に思います。

ダイアモンドは最初、単にニューギニア人が愚かなのではないかと考えます。しかし考察を重ねるうちに、ニューギニア人の行動が実は理にかなっていることに気づきます。

畑の収量は年ごとの天候によって変わり、予測もコントロールもできません。ニューギニアの農民にとって重要なのは、ともかく生きのびることです。農地を1箇所に集約すれば、効率よく作業ができ、順調な年には多くの収穫を得られるかもしれません。しかし、たとえ10年に1回でも畑が全滅すれば、一家そろって餓死するおそれがあります。さまざまな条件の土地に畑を分散させれば、非効率ではあっても、すべての畑が壊滅する可能性は低くなります[53]。

このように「相関性の低い複数の分野に、資源や活動を分散させることで、全体の確率的な変動を平準化する」ことを「**リスク分散**」(risk diversification)といいます。株式投資（**10-1**～**10-3**）や事業の多角化（**4-2**）にも応用される考え方です。

「吉野家」のリスク分散

牛丼でおなじみの「吉野家」は、19世紀（1899年）に創業し、1958年に株式会社になりました。

当時の松田瑞穂社長は「あった方がよい程度のものは、ない方がよい」と考え、今でいう「選択と集中」（**4-2**）の戦略をとりました。それまで具材に入っていた焼豆腐やタケノコをやめ、牛肉と玉ねぎのシンプルな牛丼だけのメニューにしたのです。1970年代のCMでは「牛丼一筋80年」がキャッチフレーズでした。

単一メニューへの集中によって、店舗設備や業務手順もシンプルになり、「うまい、やすい、はやい」を実現することができました。

1980年の倒産を乗り越えた吉野家でしたが、2003年に大きな危機が訪れます。「狂牛病」と呼ばれたBSE（牛海綿状脳症）が発生して、米国産の牛肉が輸入禁止になりました。味へのこだわりから他国産の牛肉はつかわないことを決めた吉野家は、牛丼の販売休止に追い込まれました[54]。

その後の吉野家は、メニューの多角化をはかりました。本書の執筆時点では「豚丼」「から揚げ」「ミックスフライ」「カレー」「鰻重」「豚生姜焼き」など、定食屋さんのように多くのメニューを提供しています。

このようにバラエティ豊かなメニューを提供するのは、リスクの分散になります。「牛丼一筋」だと、牛肉の供給が止まればお店を閉めなければなりません。多くのメニューがあれば、1つや2つのメニューを提供できなくなっても、他でカバーすることができます。

多くの外食大手は、複数のブランドを運営しています。たとえば「ゼンショー」は、「すき家」「COCO'S」「はま寿司」など、20のブランドを展開しています[55]。「すかいらーく」は、「ガスト」「バーミヤン」「夢庵」など、約30のブランドを経営しています[56]。

これに対して「マクドナルド」「スシロー」「サイゼリヤ」のように、強みのある得意分野に絞って「選択と集中」（4-2）で勝負する会社もあります。

53 ジャレド・ダイアモンド著、倉骨彰訳『昨日までの世界（下）文明の源流と人類の未来』（日本経済新聞出版、2013年）、第8章「食料を生産する場所を分散させる」

54 吉野家ウェブサイト「吉野家の歩み」、https://www.yoshinoya.com/company/history/・「吉野家のこだわり」、https://www.yoshinoya.com/kodawari/story/

55 ゼンショーウェブサイト「ブランド一覧」、https://www.zensho.co.jp/jp/brands/

56 すかいらーくグループウェブサイト「ブランド一覧」、https://www.skylark.co.jp/brand/

Lesson 4-2

なぜ、鉄道会社は商業施設を経営する？

多角化戦略、選択と集中

鉄道会社は、たいてい商業施設を運営しています。鉄道会社の名前がついた「○○百貨店」や「○○ストア」といったお店を見かけたことがあるでしょう。鉄道会社は「○○不動産」といった不動産事業も行っています。それはなぜでしょうか。

鉄道は移動サービスですが、その副産物として駅に人が集まります。たいていのお店は集客に苦労するものですが、鉄道駅には自然と多くの人が集まり、人の流れができます。そこで商業施設を営めば一石二鳥です。魅力的な商業施設があれば、そこへ行くために鉄道を利用する人も増えるでしょう。

駅の上にビルを立ててオフィスやマンション、商業施設をつくれば、もともとは線路や駅のために取得した土地を有効活用して、さらに収益を生むこともできます。駅の近くは移動に便利なので、資産価値も高くなります。魅力的な街づくりで駅の周辺人口が増えれば、鉄道の利用客も増えます。

このように、鉄道、商業、不動産といった事業は、お互いの価値を高め合う「補完性」（**3-7**）をもつ組み合わせです。補完商品と同じように、ひとつの経営主体が一括で運営して、戦略的に全体最適をはかる方がうまくいくのです。

多角化と「選択と集中」

ひとつの企業が複数の事業を経営することを「**多角化**」(diversification) といいます。

もともとの事業と関連のある分野へ進出することを「**関連多角化**」(related diversification)、そうでない場合を「**非関連多角化**」(unrelated diversification) といいます。

種々雑多な多くの事業を経営する企業は「**コングロマリット**」(conglomerate、複合企業) と呼ばれます。

近年は「相乗効果を生まない事業の寄せ集めはうまくいかないので、強みをもつ得意分野に**『選択と集中』**(selection and concentration)すべきだ」という声をよく聞きます。

「餅は餅屋」(専門業者には勝てない)という言葉がありますが、自由化やグローバル化で競争が激しくなり、中途半端な商品では戦えなくなってきたということもあるのでしょう。

「選択と集中」で成果をあげた例としては、世界最大の総合電機メーカーGE(General Electric)を率いたウェルチ(Jack Welch)の事業改革が有名です。

ウェルチの死去を報じた経済紙は「『選択と集中』を掲げ、事業の多角化と大規模なリストラを断行。在職中にGEの株価を約30倍に引き上げ、世界の経営者の手本とされた[57]」と彼の功績をたたえました。

ウェルチが改革に乗り出した当時、GEには43の事業部門と350の事業がありました。しかし収益の90%は、約4%の事業に集中していました。それ以外は収益性や市場地位が低く、将来性に乏しいと思われたのです。ウェルチは危機感をもち、不振事業を切り離す決断をしました。

ウェルチは事業を選別する基準として、①市場で1位か2位である、②ライバルと差別化できる優秀な技術をもつ、③ニッチ市場で優位性を発揮できる、といったものを掲げ、大胆な改革を断行しました[58]。

「差別化」については5-3と5-4、「ニッチ」については5-10でお話しします。

57 「ジャック・ウェルチ氏が死去 GE元会長」日本経済新聞 朝刊、2020年3月3日、https://www.nikkei.com/article/DGXMZO56302140S0A300C2MM8000/

58 SBクリエイティブOnline「なぜ米GEは創業事業の家電事業を売却したのか?」、https://online.sbcr.jp/2014/09/003820.html;西村克己著『1分間ジャック・ウェルチ』(SBクリエイティブ、2014年)

Lesson 4-3

なぜ、キユーピーは野菜に参入した？

事業の相乗効果

経営を多角化するとき、参入する事業をどのように選べばよいのでしょうか。

ひとつの考え方は、すでに行っている事業と共通性や類似性のある分野に進出する、つまり関連多角化を進めるということでしょう。

たとえば「顧客層が似ていて、営業の人材やノウハウを活用できる」「商品の保管や輸送の条件が似ていて、倉庫やトラックを共用できる」「製造工程が似ていて、設備や従業員を流用できる」「原材料が共通で、一括して安く購入できる」「技術的に似ていて、研究開発の人材を活かせる」など、何か類似性のある分野で資源を共同利用できれば、範囲の経済性（**4-4**）を発揮できるでしょう。

あるテレビ番組で、マヨネーズでおなじみの「キユーピー」が紹介されていました（以下は放送当時の情報です）[59]。

キユーピーが１年間につかう卵は40億個で、日本で生産される卵の約１割にあたるそうです。ところが、マヨネーズにつかうのは黄身の部分だけです。残りはどうしているのでしょうか。

実は、キユーピーは卵のほかの部分をつかった事業も展開しています。白身はケーキやかまぼこ、殻はチョークやカルシウム強化食品、卵殻膜と呼ばれる薄皮は調味料や化粧品に加工して販売しています。これは卵という共通の原材料をフル活用した関連多角化といえるでしょう。

キユーピーは野菜の生産も行っています。それはなぜでしょうか。

野菜とマヨネーズは、お互いに価値を高め合う補完商品（**3-7**）です。今でこそ「マヨラー」（何にでもマヨネーズをつかう人たち）という言葉があるくらい幅広くつかわれるマヨネーズですが、本来の用途は野菜のドレッシングでしょう。

もし野菜の品不足や価格高騰が起こると、マヨネーズの売上は落ちてしまいます。そのためキユーピーは天候に左右されないハイテク室内ファームで野菜を生産して、安定供給につとめているのです。

このように、補完性や外部効果（**2-4**）に着目して、相乗効果を発揮する事業の組み合わせを考えるべきでしょう。

部分最適と全体最適

補完性のあるいくつかの事業を、ひとつの企業が一括して経営する利点はどこにあるのでしょうか。

プリンタとインクの「キャプティブ価格」（**3-7**）を思い出しましょう。プリンタを低価格で販売し、補完商品であるインクの利幅を大きくして、トータルの利益を最大化するというものです。これは、プリンタとインクの事業を同じ会社が経営するからこそ成り立つ戦略です。

プリンタとインクが別会社で、それぞれ独立して利益の最大化をはかっていたのでは、そうした全体最適は実現できません。ひとつの社内なら、各事業の利害をトップが調整して、会社全体として利益が大きくなる戦略をとることができます。

補完性や外部効果があるときは、個々の主体が自分の利害に基づいて行動すると、全体として最もよい結果にはなりません。「**部分最適**」(local optimization) になってしまい、「**全体最適**」(global optimization) が実現できないのです。

外部効果を調整して全体最適を達成するには、全体の利害を考える上位の主体（リーダー）が必要です。外部便益には報酬を与えて奨励し、外部費用には罰を与えて抑止するのです。6-4で、もう少し詳しくお話しします。

59 TBS「がっちりマンデー！！」2007年1月21日放送、https://www.tbs.co.jp/gacchiri/archives/2007/0121.html

Lesson
4-4 「銀のさら」と「釜寅」は同じお店？

シナジー、範囲の経済性

3-7で、一緒につかうことでお互いの価値が高くなる「補完商品」の話をしました。それと同じような補完性は、会社が経営する事業のあいだにも生まれます。経営学では、事業の組み合わせから生まれる相乗効果を「シナジー」(synergy) と呼びます。

経営学者のアンゾフ (H. Igor Ansoff) によれば、シナジーは「各部門を別々に運営するよりも、会社全体で資源を共同利用する方が大きな利益が得られるような効果[60]」です。

経済学では、同じような意味で「**範囲の経済性**」(economies of scope) という言葉をつかいます。経営史学者のチャンドラー (Alfred D. Chandler, Jr.) によれば、範囲の経済性は「ひとつの業務工程を、いくつかの製品の生産や流通に共同利用することから生まれる経済性」[61]です。

相乗効果の具体例

あるテレビ番組で、レストラン・エクスプレスという宅配チェーンが紹介されていました (社名や情報は放送当時のものです)[62]。

この会社は「銀のさら」(寿司) や「釜寅」(釜めし) など、４つのブランドでさまざまなメニューを宅配していました。もし４つのブランドを別々の店で運営すると、店舗や設備やスタッフを４セット用意する必要があり、相応の費用がかかるでしょう。

しかし実際には、４つのブランドは１つの店舗内で運営され、厨房や電話、宅配バイクといった設備も共用でした。商品の受注や配達も、同じスタッフが４ブランドをかけもちで担当していました。

いろいろな好みのお客がいるので、ブランドやメニューはバラエティに富む方が、全体の売上は増えるのでしょう。それに対して費用がそれほど増えないとすれば、シナジーや範囲の経済性が生まれることになります。一定の費用

図5　1つの建物で2つの店舗を経営する例

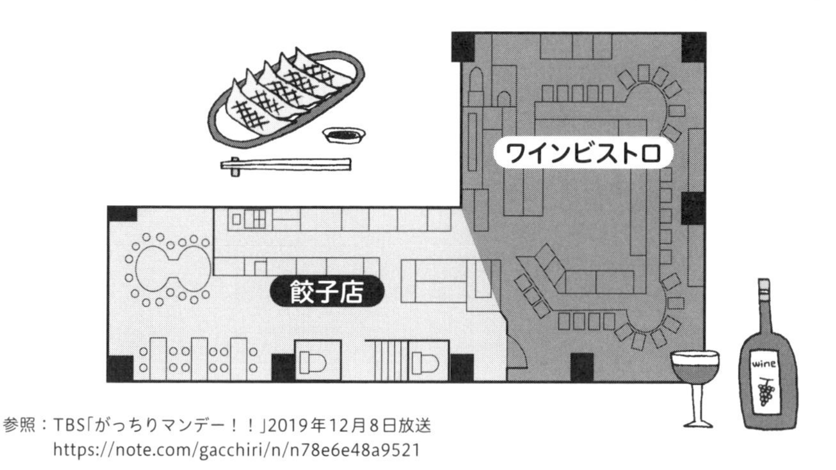

参照：TBS「がっちりマンデー！！」2019年12月8日放送
https://note.com/gacchiri/n/n78e6e48a9521

（固定費）から大きな効果（売上）が得られるということです。

同じ番組の別の回では、1つの建物で2つの飲食店を経営する例が紹介されていました。**図5**のように、餃子店とワインビストロというジャンルの異なるお店を、1つの建物で経営していました。

食材やスタッフやスペースを共用して効率的に運営できるほか、税理士への支払い、保健所への申請、インターネットの回線契約、レジや予約管理のアプリなどにかかわる固定費も1店舗分ですむそうです。

費用の節約だけでなく、販売面の補完性もあります。餃子店で飲み会をした後に、ワインビストロで2次会をするお客もいるそうです。

60　引用部分は、以下の原著から私が翻訳しました。翻訳書も紹介しておきます。Ansoff, H. Igor, Corporate Strategy, Sidgwick & Jackson, 1965, p.79；H. イゴール・アンゾフ著、広田寿亮訳『企業戦略論』（産能大学出版部、1985年）

61　引用部分は、以下の原著から私が翻訳しました。翻訳書も紹介しておきます。Chandler Jr., Alfred D., Scale and Scope: The Dynamics of Industrial Capitalism, Harvard University Press, 1990, p.17；アルフレッド・チャンドラーJr.著、安部悦生・川辺信雄・工藤章・西牟田祐二・日高千景・山口一臣訳『スケール・アンド・スコープ』（有斐閣、1993年）

62　TBS「がっちりマンデー！！」2011年8月28日放送、https://www.tbs.co.jp/gacchiri/archives/2011/0828.html

Lesson

4-5

なぜ、「俺のフレンチ」はこんなに安い？

回転率と損益分岐点

あるテレビ番組で、「俺のフレンチ」というレストラン・チェーンを紹介していました[63]。高級フレンチをリーズナブルな価格で食べられることで人気のお店です。

番組で紹介された数字を参考に、ある店舗の1日の売上、費用、利益などを示したのが**図6**と**図7**です。わかりやすいように数字や計算式を単純化したので、オリジナルとは少し違っています。

このお店の「席数」は50席です。

飲食店では、先に来たお客が食べ終わって帰ったあとの席に、入れ替わりで次のお客が座るということが繰り返されます。「1つの席あたり、平均で何人のお客が入れ替わったか」を表すのが「回転率」です。1つの席を利用したお客が2人なら2回転、3人だったら3回転というふうに数えます。

「客単価」は、お客1人あたりの売上です。

店の1日の「売上」は、「席数×回転率×客単価」になります。一般的な高級フレンチよりも客単価を下げる代わりに、席数や回転率を増やして売上を確保

図6　あるレストランの1日の売上、限界利益、固定費、利益

席数	回転率	客単価	売上（席数×回転率×客単価）	変動費（売上の50%）	限界利益（売上－変動費）	固定費	利益（限界利益－固定費）
50席	1回転	3,000円	150,000円	75,000円	75,000円	150,000円	－75,000円
	2回転		300,000円	150,000円	150,000円		0円
	3回転		450,000円	225,000円	225,000円		75,000円

図7　売上、限界利益、固定費、利益のグラフ

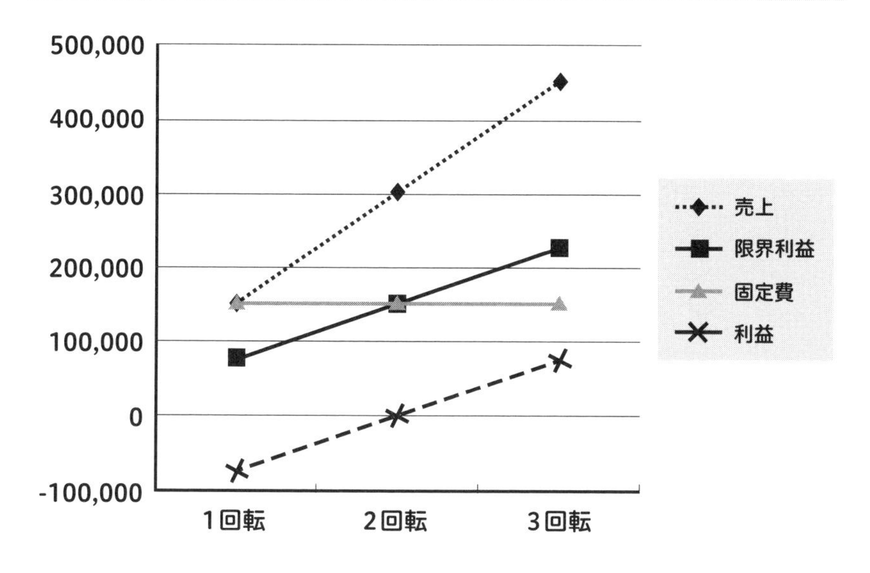

しようというのが「俺のフレンチ」の戦略でしょう。

図6と**図7**のお店では「変動費率」が50%なので、売上の半分が会計学でいう「限界利益」です。限界利益は、売上から変動費を引いたものです。限界利益からさらに固定費を引いたものが「利益」になります。

☑ 損益分岐点

Check!

このお店の場合は、客席が2回転すれば収支がトントンになります。売上と総費用が同じになる販売量を**「損益分岐点」**（break-even point）といいます。損失が出るか利益が出るかの分かれ目ということです。

63　テレビ東京「ガイアの夜明け」「高級料理を格安に！ ～外食の革命児…次なる一手～」2013年1月22日放送、https://txbiz.tv-tokyo.co.jp/gaia/vod/post_34346/

Lesson 4-6 なぜ、セブン-イレブンは急に増える？

規模の経済性、速度の経済性、密度の経済性

家賃や人件費は、売上に関係なく面積や時間で決まる「固定費」です。一定のスペースに多くの席を設けたり、一定の時間内に多くのお客に来てもらえば、一定の費用から大きな売上をあげられます。

このように「一定の費用（固定費）に対する効果（売上）を大きくして、費用対効果（経済性）を高める」のが「**規模の経済性**」（economies of scale）です。

固定費に対して、複数事業（複数商品）の合計売上を増やすのが「範囲の経済性」（**4-4**）で、単一事業（単一商品）の売上を増やすのが「規模の経済性」です。

たとえば、人件費や家賃のように、時間に応じて発生する固定費があります。そうした費用に対して販売量を増やす、つまり「時間あたりの販売量を増やす」ことから生まれる規模の経済性を、チャンドラーは「**速度の経済性**」（economies of speed）と呼びました[64]。

また、家賃や輸送費のように、空間の広さや距離に応じて発生する費用もあります。そうした固定費に対して販売量を増やす、つまり「空間あたりの販売量を増やす」ことから生まれる規模の経済性を「**密度の経済性**」（economies of density）といいます。

「密度の経済性」の具体例：ドミナント戦略と宅配便

コンビニなどのチェーン・ストアでは「**ドミナント戦略**」（dominant strategy）と呼ばれる出店戦略があります。『すごい立地戦略』という本では、次のように紹介されています。

セブン-イレブンは集中出店方式（ドミナント方式）に則って出店しています。お弁当などは「製造工場から3時間以内に店舗に届かなければならない」決まりなので、そのための工場建設、インフラ整備に時間がかかります。

そして、工場やインフラが整ったタイミングで一気に数店舗を同時オープンさ

せます。この方法で出店を続けているので、今までまったくなかった地域に、ある日突然複数のセブン - イレブンがオープンする、なんてことがあるのです。[65]

地域ごとに工場やインフラ整備の固定費がかかるため、1つの地域に多くのお店を出店して、固定費に対する販売量を増やし、平均費用を下げるわけです。

ヤマト運輸が始めた「宅急便」も、密度の経済性を考えたビジネス・モデルでした。あるテレビ番組[66]で、瀬戸薫会長（当時）は次のように語っています。

すごく荷物が集まると、密度化すると。要は、単位面積あたりに配達する荷物がすごく増えてくる。ですから個人（を相手にする宅配）をやっても、ある一定以上の荷物が集まってくれば、必ず採算に乗る。これをやっぱり小倉は考えたんですね、計算したんです。

発言の中に出てくる「小倉」というのは、ヤマト運輸の２代目社長で、宅急便の生みの親であり、名著といわれる『経営学』[67]を書いた小倉昌男さんです。

過密の問題があるとはいえ、大都市に多くの人が集まるのも、密度の経済性があるからでしょう。
「コンパクト・シティ」という構想があります。「コンパクトな地域内に多くの人が住んで、中心部に学校、職場、病院、商業施設などを配置すれば、密度の経済性によって効率的で利便性の高い街づくりができる」という考え方です。

64 アルフレッド・D・チャンドラーJr.著、鳥羽欽一郎・小林袈裟治訳『経営者の時代 アメリカ産業における近代企業の成立』（東洋経済新報社、1979年）、p.414

65 榎本篤史著『すごい立地戦略 街は、ビジネスヒントの宝庫だった』（ＰＨＰ研究所、2017年）、第２章

66 テレビ東京「カンブリア宮殿」2011年10月20日放送

67 小倉昌男著『経営学』（日経BP、1999年）

Lesson
4-7

なぜ、先輩には余裕がある？

経験効果

生産量が増えると費用が下がる理由には「**経験効果**」(experience effect) もあります。同じような意味で「**学習効果**」(learning effect) とも呼ばれます。

仕事で多くの経験を積むと、熟練して速く正確にこなせるようになり、品質の向上、不良品の減少、材料の節約など、いろいろな面から効率化が進みます。「累積生産量」(それまでの総生産量) が2倍になるごとに、費用は一定の割合で減っていくといわれます。

私が教えている防衛大の学生は、整った服装を保つための制服の「プレス」(アイロンがけ) など、日々いろいろな作業をこなしています。

1年生はかわいそうなくらい時間に追われていますが、上級生は余裕をもって過ごしているように見えます。上級生の方が立場的に「偉い」ということもあるのかもしれませんが、同じ作業を短時間でこなせるということもあるのかもしれません。

累積経験量が2倍になるごとに、作業にかかる時間が20%ずつ減っていくとしましょう。

4月1日に入学した1年生は、4月末にはだいたい1ヶ月の経験を積むことになります。このとき、ある作業に100分かかるとします。

5月末には、入学してから約2ヶ月となり、4月末のときの2倍の経験量になります。作業にかかる時間は2割減って、同じ作業を80分 (100分×0.8) で終えられるようになります。

7月末には入学から約4ヶ月が過ぎて、さらに2倍の経験量になり、この作業を64分 (80分×0.8) で終えられます。

計算をつづけると、この作業を11月末には約51分、2年生の7月末には約41分、3年生の11月末には32分で終えられるようになります。

同じ作業を1年生の1／3以下の時間で終えられるとしたら、上級生に余裕ができるのも当然かもしれません。

このような法則は多くの仕事に当てはまることが知られています。ただし、経験年数が増えると与えられる仕事も難しくなっていくでしょうから、だんだん楽になるとは必ずしもいえません。若い社員よりも、管理職になった先輩社員の方が大変だったりもするのでしょう。

Check!

☑ 量産効果

商品の生産量(販売量)が増えると、「規模の経済性」や「経験効果」によって、平均費用が下がっていきます。これを総称して**「量産効果」**ということもあります。

3-6で紹介した「勢力拡大価格」には、量産効果を見越して早い段階から価格を下げ、市場シェア(販売量)を拡大して、さらなるコスト低下をはかるというねらいもあります。

最初は採算がとれず苦しくても、販売量が増えれば費用は下がっていきます。「安いから売れる」「売れるから費用が下がる」「費用が下がるから安くできる」という好循環ができれば、出遅れたライバルに差をつけていくことができるでしょう。

Column 4

わざと座り心地の悪いイスをつかう？

回転率をめぐる戦略

4-5で、回転率の話をしました。

飲食店で回転率を上げるには、お客が短い時間で食べて、さっと帰ってくれるのがよいのでしょう。そのために、わざわざ座り心地の悪いイスをつかうという話さえあります。

経営学者の小川孔輔先生は、次のように書いています。

実は、「座り心地の悪さ」で回転率を高めるという発想は、コーヒー店のドトールに由来しています。ドトールの店内の座席は、硬くて座り心地が良くない設計になっています。マクドナルドも同様な椅子のデザインになっています。[68]

また「コメダ珈琲店」を創業した加藤太郎さんは、インタビューのなかで次のように語っています。

一時、コーヒー専門店は、空間に密集させて固いイスを導入し、座席の回転率を上げることで利益向上を図りました。ぼくは反対を考えた。回転率なんか上げないで、完全個室まではいかないけど心地よい空間にしようと。[69]

商業施設のベンチなども、長く座ると体が痛くなるような設計になっていることがあります。これも長時間の滞留を避けたくて、わざわざそうしているのかもしれません。

人がベンチに寝転ぶのを防ぐために仕切りをつけるようなこともあり、これは「排除アート」（hostile architecture）と呼ばれています。

68 PRESIDENT WOMAN「俺のフレンチ"高品質・激安"なのに儲かる秘密」2019年8月22日、https://president.jp/articles/-/29690

69 高井尚之著『なぜ、コメダ珈琲店はいつも行列なのか？「お客が長居する」のに儲かるコメダのひみつ』（プレジデント社、2016年）、p.119

第 5 章

ライバルとの戦いを勝ち抜く「競争戦略」

第４章では、会社全体のなかでいろいろな事業の組み合わせを考える「多角化戦略」について学びました。

この第５章では、ひとつの事業（商品）でライバルと戦う「競争戦略」について考えます。

「コスト・リーダーシップ戦略」「差別化戦略」「集中戦略」「ブルー・オーシャン戦略」「協争」など、代表的な競争戦略の理論と実例を紹介します。

Lesson
5-1 星野社長のキャリアを変えた経営理論
ポーターの競争戦略

ビジネスの現場で最も有名で、よくつかわれている経営理論は、ポーター(Michael E. Porter)の競争戦略ではないでしょうか[70]。

星野リゾートの星野佳路社長は、あるテレビ番組で「私の1冊」を尋ねられて、ポーターの『競争の戦略』をあげていました。

どれが大事だったか聞かれると、私はこれを言わざるを得ないと思っているんです。マイケル・ポーターという教授がいまして、ビジネスの戦略本なんです。これが自分のキャリアを変えたと思っているんです。「やるべきこと」はたくさんあるわけです。その中で「何をやらないか」を決めることが戦略だというのが、やはり大きなメッセージです。

そこから私たち星野リゾートは、ホテルの「所有」はやめようと、「運営」だけに特化しようと決めたんです。[71]

4つの基本戦略

図8のように、ポーターは2行×2列の分割表で、4つの基本戦略を示しました。このシンプルさが人気の秘密かもしれません。

左右を分けるのは「**競争優位**」(competitive advantage)、つまり「どんなことでライバルより優位に立つか」です。図の左側は「低コスト」(lower cost)、右側は「差別化」(differentiation)を武器にする戦略です。

「低コスト」は、ライバルよりも低いコストで、競争を戦います。

コストが低ければ、ライバルと同等の価格設定でも、より多くの利益をあげることができます。自社は利益を確保しながら、ライバルが追随できないところまで価格を下げて、市場シェアの拡大をはかることもできます。

低コストを実現する方法には、「速度の経済性」や「密度の経済性」を含む「規模の経済性」(**4-6**)、「範囲の経済性」(**4-4**)、「経験効果」(**4-7**)といったものがあります。

図8　ポーターの競争戦略

		競争優位：低コスト	競争優位：差別化
競争の範囲	広い標的	コスト・リーダーシップ (薄利多売、カテゴリー・キラー)	差別化 (ex. iPhone、ダイソン)
	狭い標的	コスト・集中 (ノー・フリル)	差別化・集中 (高付加価値・希少性、ブランド品)

参照：以下の文献から翻訳して作成。( )内は筆者が加筆。
Porter, Michael E., Competitive Advantage:
Creating and Sustaining Superior Performance, Free Press, 1985.

「差別化」は、競争相手にはない「独自の価値や魅力」によって、高価格を実現します。

差別化された商品を好む買い手は、どうしてもその商品が欲しければ、売り手の決めた値段で買うしかありません。これはある意味で「独占」のように「価格支配力」(**3-5**) が強い状況です。商品の「付加価値」(**9-6**) が高い、「顧客ロイヤルティ」(**3-5**) が高いといってもよいでしょう。

差別化に成功すれば、ライバルとの価格競争に陥ることなく、大きな利幅を維持できます。ライバルと同じ土俵で戦うというよりは、「競争を避ける」「棲み分ける」という考えに近いかもしれません。

ポーターの競争戦略 (**図8**) で上下を分けるのは「競争の範囲」です。「どんな顧客をターゲットにするか」「どの地域で活動するか」「どんな商品を提供するか」「どんな技術をつかうか」といったことです。上側は、幅広い顧客層をターゲットにする「広い標的」です。下側は、狭い範囲に活動を絞る「狭い標的」です。

ここからは具体例を交えて、4つの基本戦略を説明していきます。

70　M. E. ポーター著、土岐坤・中辻萬治・服部照夫訳『競争の戦略』(ダイヤモンド社、1980年)；M. E. ポーター著、土岐坤・中辻萬治・小野寺武夫訳『競争優位の戦略』(ダイヤモンド社、1985年)

71　TBS「がっちりマンデー！！」2019年1月20日放送、https://www.tbs.co.jp/gacchiri/archives/2019/0120.html

Lesson 5-2

なぜ、マクドナルドはハンバーガーを59円で売れた？

コスト・リーダーシップ戦略

図8の左上（低コスト＆広い標的）は、「**コスト・リーダーシップ**」（cost leadership）です。低コストを武器に、幅広い顧客層へ商品を売る戦略です。

大量の商品を販売し、量産効果（**4-7**）によって、低コストを実現します。低価格や薄利多売につながることも多いでしょう。

コスト・リーダーシップ戦略の代表は「**カテゴリー・キラー**」（category killer）と呼ばれるものでしょう。量産効果やさまざまな工夫で、品質のよい商品を低コスト（低価格）で販売し、ある商品カテゴリーで大きな市場シェアを占めます。

たとえばファッションの「ユニクロ」、家具の「ニトリ」、靴の「ABCマート」などです。

飲食業界ではあまり「カテゴリー・キラー」という言い方をしませんが、イタリア料理の「サイゼリヤ」、ハンバーガーの「マクドナルド」、中華料理の「日高屋」、回転寿司の「スシロー」、牛丼の「すき家」などは、それにあたる存在でしょう。

「マクドナルド」の競争戦略

あるテレビ番組で、日本マクドナルドの経営戦略が紹介されていました（以下の内容は、放送当時のものです）[72]。

マクドナルドの低コストへの取り組みのひとつは、食材の仕入れにありました。ビーフ・パティの牛肉はオーストラリアとニュージーランド、バンズに乗るゴマは南米のグアテマラ、チキンはタイと中国、ポテトはアメリカなど、世界中から安くて質のよい食材を一括で仕入れ、コストダウンをはかっていたのです。

ハンバーガーのバンズは、世界最速のシステムで１日に100万個を製造する工場でつくられていました。低コストの秘密は、量産効果（**4-7**）にもありました。

マニュアル化で有名なマクドナルドですが、世界中の味の標準化にも取り組んでいました。3ヶ月に一度、日本、オーストラリア、ニュージーランド、中国、台湾、タイなど世界各国から担当者が集まって、ハンバーガーの味にばらつきが出ないようチェックしていたのです。

日本マクドナルドは、1990年代の後半には大胆な低価格路線に向かいました。2000年にはハンバーガーを平日65円、2002年には59円まで値下げしました。

かつてのマクドナルドはつくり置きのハンバーガーを販売していましたが、2005年に新しい調理システム「メイド・フォー・ユー」を導入して、できたてを提供するようになりました。オーダーを受けてからバンズを焼き、マスタードとケチャップをつけ、ピクルス、オニオン、パティをのせ、ラッピングするまでの基準時間を50秒としました。

それを実現するために、お客がハンバーガーを注文した時点で（すべての注文を言い終わる前に）レジから厨房内のディスプレーに注文を表示させ、すぐにつくり始めるシステムにしました。調理時間を短縮するため、トースターやスチーマーも新たに開発しました[73]。お客の待ち時間を30秒短縮すると売上が５％上がるというデータもあり、スピードを重視していました。

メイド・フォー・ユーによって、商品の廃棄ロスはほぼ半減しました。顧客満足と低コストを両立させたのです。

ここで紹介した「マクドナルド」はひとつの例ですが、低コスト経営を実現するために、企業はさまざまな工夫をこらしています。

72　TBS「がっちりマンデー！！」2006年4月16日放送、https://www.tbs.co.jp/gacchiri/archives/2006/0416.html

73　マクドナルド「ニュースリリース」2007年3月9日、https://www.mcd-holdings.co.jp/news/2017/release-170309a.html

Lesson 5-3

なぜ、iPhoneは高くても売れる？

差別化戦略(1)

図8の右上（差別化＆広い標的）は、「**差別化**」(differentiation) 戦略です。独自の価値や魅力を武器に、幅広い顧客層に商品を売る戦略です。

売上を増やすために、価格を下げて薄利多売する企業は多いでしょう。しかし高価格を維持しながら、大きな市場シェアをとるのはかなり難しいでしょう。それを実現した例として、アップル社のiPhoneがあります。

本書の執筆時点では「iPhone 11」が10万円前後、「iPhone 11 Pro」(512GB)は16万円くらいで売られていました。Androidのスマートフォンなら、ビジネス用途としては十分な性能のものが２万円前後からあります。

iPhoneの魅力として、美しいデザイン、ブランド・イメージ、快適な操作感といったことがよく聞かれます。そうした付加価値やプレミアム感が、高価格に反映されるのでしょう。

執筆時点では、iPhoneはサムスンをおさえて、スマートフォンの世界シェア１位でした[74]。商品のバリエーションやモデル・チェンジはあるにしても、開発や生産の共通性は高いでしょう。量産効果により、かなりの低コストも実現しているのではないでしょうか。

アップル社の売上の半分以上はiPhoneによるものです（他はMac、iPad、その他の機器やサービスなど）。直近（2019年通期・連結）の会社全体の売上高営業利益率は約25%と、かなりの高水準です[75]。

高価格と大量販売を両立させるのは、圧倒的に差別化された魅力ある商品でなければ難しいでしょう。iPhoneはそれを実現した稀有な例といえます。

「ダイソン」の競争戦略

差別化戦略のもうひとつの例として、「ダイソン」の掃除機があげられます。

執筆時点で掃除機の「人気売れ筋ランキング」（価格.com）を見たところ、１位と２位をはじめ、トップ10のなかにダイソンの商品が４つ入っていました。価格は5万円前後で、他のメーカーの売れ筋商品と比べると、かなりの高価格です。

ダイソンの掃除機は、カラフルでメカニックなデザインと、同社発祥のサイクロン技術による強い吸引力で、日本でも高い人気を誇ります。2016年の時点で、コードレス掃除機の国内シェアは50%を超えていました[76]。

私も10年以上ダイソンをつかっていますが、頑丈で耐久性があり、吸引力も落ちないように感じます。日本の家庭用としてはやや重くゴツい印象もありましたが、近年は小型化・軽量化された機種も出ているようです。

ダイソンの掃除機はデザインや機能、ブランド・イメージによって差別化されています。高価格帯でありながら市場シェアも大きく、売上高利益率は約25%（2018年）という高水準です[77]。

ダイソンはイギリスのコッツウォルズ地方で創業しました。美しい田園地帯で、日本人にも人気の観光地です。

74 2019年第4四半期のデータです。IDC「Smartphone Market Share」2020年4月2日、https://www.idc.com/promo/smartphone-market-share/vendor

75 アップル社公表の財務データ、https://s2.q4cdn.com/470004039/files/doc_financials/2019/ar/_10-K-2019-(As-Filed).pdf

76 Business Journal「ダイソン、掃除機の国内シェア5割へ激増か…ルンバ、超短期で200万台販売」2017年11月8日、https://biz-journal.jp/2017/11/post_21265_2.html

77 ZDNET「Dyson 2018 profit breaks $1B, to move global HQ to Singapore」2019年1月23日、https://www.zdnet.com/article/dyson-2018-profit-breaks-1b-to-move-global-hq-to-singapore/

Lesson
5-4 なぜ、モスバーガーはマクドナルドの3倍の値段で売れた？

差別化戦略（2）

あるテレビ番組で、モスバーガーの経営戦略が紹介されていました（以下の情報は、放送当時のものです）[78]。

モスバーガーの創業は1972年です。その前年の1971年には、マクドナルドが銀座の三越に１号店をオープンさせ、初日だけで約１万人が来店したそうです。マクドナルドを訪れた櫻田慧さんは、これに感化されてモスバーガーを創業しました。

櫻田さんの開店資金は友人から借りた200万円だけで、真っ向からマクドナルドと戦っても勝てる見込みはありませんでした。そこでモスバーガーは、あらゆる面でマクドナルドとは異なる戦略をとります。

パティはマクドナルドのような牛肉100％ではなく、日本の家庭でも一般的な牛豚の合挽き肉でした。ソースはアメリカ流のケチャップではなく、玉ねぎにミートソースをかけるものでした。

1973年に「テリヤキバーガー」がヒットして、モスバーガーは全国に店舗を拡大します。1987年には「ライスバーガー」がヒットして、マクドナルドに次ぐ業界２位になりました。

ライバルとの棲み分け

駅前の１等地などへ出店するマクドナルドに対して、モスバーガーは家賃の安い裏通りに店を構えました。不特定多数の通行者ではなく、モスバーガーを気に入って通う固定客に狙いを定めたのです。

調理にかける時間も対照的でした。「メイド・フォー・ユー」を導入したマクドナルドが注文から提供まで50秒としたのに対して、モスバーガーは番組内で提供までに７分以上をかけていました。スピードよりも、店内で落ち着いて過ごす時間や、じっくりと本格的に調理するスタイルにこだわったのです。

モスバーガーは「ブランド求心力ランキング」（日経リサーチ）で「東京ディ

スニー・シー」に続く2位、「利用したいハンバーガー店ランキング」（日経産業消費研究所）ではマクドナルドをおさえて1位になりました（いずれも2005年）。

差別化を武器に、モスバーガーは値下げをしない戦略をとりました。

1993年には、モスバーガーのハンバーガーはマクドナルドと同じ210円でした。それ以降、マクドナルドは値下げをしていきます。1995年には、マクドナルドの80円に対してモスバーガーは210円と、価格差が2倍以上に開きました。2000年にマクドナルドが平日65円にしても、モスバーガーは変わらず210円で、価格差は3倍以上になりました。

高級路線をとったモスバーガーは、2005年には「匠味十段」と名づけた、単品で1000円のハンバーガーを発売しました。

マクドナルドがコスト・リーダーシップ戦略だとすれば、モスバーガーは差別化戦略をとったといえるでしょう。巨大なマクドナルドとの全面対決を避けて対照的な戦略をとり、棲み分けをはかりつつ成長してきたのではないでしょうか。

---

78 TBS「がっちりマンデー！！」2005年12月18日放送、https://www.tbs.co.jp/gacchiri/archives/2005/1218.html

Lesson 5-5

なぜ、カーブスには鏡がない？

コスト・集中戦略とノー・フリル(1)

図8の左下（低コスト＆狭い標的）は、**「コスト・集中」**（cost focus）戦略です。ターゲットを絞り、低コストを実現する戦略です。

「ノー・フリル」（no frills、飾りを省いた）と呼ばれるビジネス・モデルが、これに当てはまるでしょう。簡素な最小限のサービスに特化することで経営効率を高め、低コスト（低価格）を実現します。「フリル」は洋服の装飾のことですが、ここでは「余分な飾り」「過剰なサービス」という意味です。

たとえばセルフ式のガソリンスタンドは、従業員による給油、窓拭き、ゴミ捨てといったサービスを省いて人件費を節約し、低価格を実現します。

カプセル・ホテルは、居住スペースを簡素化し、トイレやお風呂を集約化することでコストを削減し、価格を安くします。

ノー・フリルの具体例

「QBハウス」は、フル・サービスの理容・美容から「シャンプー」「シェービング」「ブロー」などを省き、「ヘア・カット」に特化することで、当初は1000円（2019年に税込1200円に値上げ）という低価格を実現しました。

カットにかける時間は10分を標準としています。10分で1000円ということは、１時間（60分）では6000円になります。たとえば、4000円のフル・サービスに１時間かける理髪店よりも、時間あたりの売上は多いのです。QBハウスでお客が並んで待っているのをよく見ますが、回転率を維持できれば、効率的に収益をあげられるビジネス・モデルといえます。

また、シャンプーやパーマの設備が不要なので、狭いスペースでも営業できます。そのため場所を選ばず出店でき、設備投資や家賃も抑えられます。2017～2019年の売上高営業利益率は、９％前後と好調でした[79]。

最近、「カーブス」というフィットネスをよく見かけます。プールもシャワーもない「女性だけの30分健康体操教室」で、全国で2000店舗を超えます[80]。

1992年に米国で設立されたカーブスは、「３つのM」を教室からなくしました。１つは男性の目を気にせずに運動するための「No Men」で、スタッフは全員女性です。２つめは「No Make-up」で、「メイクをせずに気軽に通える」という意味があります。３つめの「No Mirror」（教室に鏡がない）は、自分の体型を気にせず、運動に集中するためです。

日本ではターゲットを「50歳以上の主婦」として、主婦の生活圏に出店しました。近所にあるので、シャワーは家に帰ってすませられるのでしょう。

プールもシャワーもないカーブスは、12機のマシンを置くスペースがあれば、どこにでも出店できます。従来型のフィットネスクラブに比べると、はるかに固定費が小さく、低コストで運営できます。従来型フィットネスの月会費は１万円以上が多いのに対して、カーブスは6000円くらいです。１回30分が標準で、回転率も高くなります。

4-5で紹介した「俺のフレンチ」も、ノー・フリルにあたるでしょう。当初は立ち食いスタイル（2015年ごろからは着席スタイル）で、面積あたりの客数（席数）を増やす「密度の経済性」（**4-6**）と、時間あたりの客数（回転率）を増やす「速度の経済性」（**4-6**）によって、経営効率を高めました。高級フレンチの店から「ゆったり落ち着いて過ごす優雅な時間」を省き、「おいしいフレンチを低価格で食べたい」という顧客層にターゲットを絞ったといえます。

ノー・フリルでは、提供するサービスを絞ることによって、家賃や設備投資といった固定費を減らしています。固定費が小さいので、利幅（限界利益）が小さくても、客数（席数や回転率）でカバーすれば採算がとれます。客数を支える人気の秘密は、顧客にとってコスト・パフォーマンスがよい（必要十分なサービスを、低価格で提供している）ことでしょう。

79　キューピーネットホールディングス株式会社「経営成績」、http://www.qbnet.jp/ir/financial/index.php

80　DIAMOND online「フィットネスのカーブス、幽霊会員をつくらずに収益を生む「逆転の発想」」2017年6月6日、https://diamond.jp/articles/-/130679

Lesson 5-6 なぜ、格安航空は中古の飛行機をつかわない？

コスト・集中戦略とノー・フリル（2）

LCC（Low Cost Carrier、格安航空）は、伝統的な航空サービスから、座席指定、預け荷物、機内ドリンクといったサービスを省いて（有料化して）、低価格を実現します。「余分なサービスはいらないので、安く移動したい」という顧客層にターゲットを絞っているのです。

あるテレビ番組で、格安航空「ピーチ・アビエーション」の経営戦略が紹介されていました（以下の内容は、放送当時のものです）[81]。

この会社では航空チケットをインターネットで予約すると、関西空港から新千歳空港までが4780円と格安でした。しかし電話で予約すると1050円、カウンターで購入すると2100円の手数料が加算されました。人件費のかかる業務については、費用を価格に転嫁するわけです。

また、荷物を預けると1050円、座席指定をすると210円の手数料がかかりました。そうしたサービスが不要な乗客は、安い料金で飛行機に乗ることができます。

格安航空というと、コスト削減で中古の飛行機をつかっていると思うかもしれません。しかし、ピーチが使用している３機は、すべて新品のA320という機種でした。

飛行機のパイロットは、機種ごとに免許をとらなければなりません。使用機種が統一されていれば、免許もひとつだけでよいので、取得の費用を節約できます。どのパイロットも会社の飛行機すべてを操縦できるので、乗員のやりくりもしやすいでしょう。

機種が統一されると、整備の効率もよくなります。部品や工具、マニュアルが1機種分ですむので、コストが抑えられます。整備の内容や手順も覚えやすくなり、作業効率が上がってミスも減ります。

新品の飛行機を買うと初期投資は高くつきますが、整備や点検のコストが減るので、中古で買ってあちこち直すよりも、トータルでは安くなるそうです。

飛行路線は、拠点とする関西国際空港との往復だけで、1日の終わりには必ず関空に帰ってくる運行スケジュールでした。他の空港に飛行機を泊めると、駐機代がかかるだけでなく、整備士を各地に置く費用や、パイロットやCAの宿泊費も発生するためです。

搭乗ゲートと飛行機をつなぐボーディング・ブリッジ（旅客搭乗橋）をつかうと使用料が発生するため、乗客をバスに乗せて飛行機まで移動していました。

飛行機が自力で発進できるように停め方を工夫して、使用料の高い「トーイング・カー」（飛行機を出発位置まで押し引きする車両）もつかっていませんでした。

A320の座席数は166席が一般的だそうですが、ピーチでは座席の間隔を少しずつ詰めて、180席にしていました。飛行1回あたりの固定費に対する乗客数（売上）を増やして、平均費用を下げる「規模の経済性」（4-6）を実現したのです。

81 TBS「がっちりマンデー！！」2012年3月18日放送、https://www.tbs.co.jp/gacchiri/archives/2012/0318.html

Lesson 5-7

なぜ、クラフト・ビールは高価格で売れる？

差別化・集中戦略、競争戦略の実例

図8の右下（差別化＆狭い標的）は、「**差別化・集中**」(differentiation focus)戦略です。ターゲットとする顧客を絞り、差別化による競争優位を目指す戦略です。付加価値（**9-6**）や希少性（**5-9**）を高めて、少数の顧客から大きな利幅を得るのです。

典型的なのは、富裕層や「見せびらかし消費」（**1-7**）をターゲットにする高級品やブランド品でしょう。たとえば「シャネル」や「ルイ・ヴィトン」、「ロレックス」や「オメガ」といったものです。

自動車でいえば、かつてのトヨタ「カローラ」のような売れ筋の大衆車は、コスト・リーダーシップ戦略でしょう。スズキ「アルト」のような低価格帯の軽自動車は、コスト・集中戦略でしょう。トヨタ「クラウン」のように高めの価格帯でよく売れている車は、差別化戦略でしょう。**1-7**で紹介した日産「シーマ」、さらにはポルシェやフェラーリといった高級ブランドが、差別化・集中戦略にあたるのではないでしょうか。

ビールでいえば、アサヒ「スーパードライ」、キリン「一番搾り」、サッポロ「黒ラベル」といった、低価格で販売量の多いビールは、コスト・リーダーシップ戦略でしょう。サッポロ「ヱビス」やサントリー「ザ・プレミアム・モルツ」のように、もう少し高い価格帯で、かなりよく売れているビールは、差別化戦略でしょう。正確にはビールではありませんが、低価格の発泡酒や「第三のビール」といった新ジャンルは、コスト・集中戦略でしょう。高価格帯のクラフト・ビールが、差別化・集中戦略にあたるのでしょう。地域性を売りにする地ビールは生産量も少なく、希少性や独自の味わいを売りに、ときには普及品の倍以上の価格で売られます。

競争戦略の実例：「はなまるうどん」と「丸亀製麺」

さて、ポーターの４つの基本戦略についてお話ししてきました。ここで、ライバルどうしの競争戦略の実例をひとつ紹介しましょう。

あるテレビ番組で、「はなまるうどん」と「丸亀製麺」の競争戦略が紹介されていました[82]。この２社は、ともに2000年に創業しました。両社ともコスト・リーダーシップのうどんチェーンに見えますが、さまざまな違いもあります。

「はなまる」は製麺をセントラル・キッチン（集中調理施設）で行い、店舗ではうどんを茹でるだけです。これに対して「丸亀」は、製麺を店内で行います。手間とコストはかかりますが、お客の目の前で麺をつくることで、手づくり感やライブ感を演出しているのです[83]。

お店の立地も違います。「はなまる」は、都内ではビルの中に出す店舗が多いそうです。製麺用のスペースが必要ないので、都市部の狭い敷地にも出店できるのです。これに対して「丸亀」は、ロードサイドやショッピング・モールなどに多く出店しています。店内でうどんをつくるため、店舗面積を広くとって、製麺機などを置く必要があるからです。

「丸亀」は、まるで牛丼のように肉をふんだんにつかった「肉盛りうどん」(590円）を発売し、男性を中心に大ヒットしました。「丸亀」はその後も、鶏の唐揚げとタルタルソースを乗せた「タル鶏天ぶっかけうどん」(640円）のような、男性をメイン・ターゲットとする商品を出していきます。

「はなまる」は、レタス１個分の食物繊維が入った麺を開発するなど、健康志向の女性をターゲットとする戦略をとります。その代表的なメニューが、野菜をふんだんにつかった「コクうまサラダうどん」(小460円）でした。油を40％カットしたヘルシー天ぷらも投入しました。

番組ではこうした違いを反映して、丸亀製麺では男性客、はなまるうどんでは女性客が多くなっていました。SWOT分析（**Column 5**）のような考え方で、それぞれの強みや機会を活かし、棲み分けをはかったといえるでしょう。

---

82 TBS「がっちりマンデー！！」2019年8月18日放送、https://www.tbs.co.jp/gacchiri/archives/2019/0818.html

83 現代ビジネス「「丸亀製麺」が、あえて「セントラルキッチン」を作らない理由」2018年9月27日、https://gendai.ismedia.jp/articles/-/57548

Lesson 5-8

なぜ、ルイ・ヴィトンはセールをやらない？

価格競争

低コスト戦略で、しばしば問題になるのは価格競争です。

5-2で紹介しましたが、マクドナルドはバブル崩壊後の平成不況と呼ばれた時代に、どんどん値下げをしていきました。

1993年に210円だったハンバーガーを、94年には130円、95年からは80円、2000年には平日65円、2002年には59円と、1/3以下にまで値下げしました。売上は一時的に上がりましたが、2002年には29年ぶりの赤字に転落しました。

牛丼の吉野家は、2001年に牛丼（並）を280円に値下げして、マクドナルドとともに「デフレの象徴」といわれました。

集客には成功しましたが、2001年まで10％以上だった利益率は低下し、2004年にはBSE（狂牛病）の問題もあって赤字に転落しました[84]。その後も「松屋」や「すき家」との間で、「牛丼戦争」と呼ばれた価格競争はたびたび繰り返されました。

値下げ競争はしばしば、双方が疲弊する消耗戦に陥ります。顧客が価格に敏感な（価格弾力性が高い）とき、もし自分だけが値下げできれば、売上は増えて、利益も増える可能性があります。

しかし、たいていはライバルも追随して価格を下げるので、結局のところ差はなくなり、利幅が減ってお互いに経営が苦しくなるだけ、ということになりがちです。こうした競争は比喩的に「軍拡競争」と呼ばれます。お互い費用がかさむだけで、相対的な差はつかないということです。

ブランド・イメージ

一度でも値下げをすると安物のイメージがついて、ブランドの価値が下がるということもあります。ブランド品では流通価格をコントロールして、値崩れを防ぐことが重視されます。

たとえば、「ルイ・ヴィトン」はセールもアウトレットも一切やりません[85]。差別化戦略で紹介したiPhone（**5-3**）も、多くのお店で価格は統一されています。「白い恋人」のような銘菓もそうです。

硬直性

「硬直性」（rigidity）という問題もあります。価格には「下げるのは簡単でも上げるのは難しい」という**「上方への硬直性」**（upward rigidity）があります。

値下げに文句をいうお客はいませんが、値上げとなると批判や反発は避けられません。ハンバーガーが59円で売られていたのを知っているお客は、210円に戻すと言われても簡単には納得しないでしょう。そのため、値下げには慎重な判断が必要となります。

ちなみに、賃金や雇用のように「増やすのは簡単だけれども減らすのは難しい」ことは**「下方への硬直性」**（downward rigidity）といいます。

日本では長時間労働が問題になっています。その原因のひとつは、雇用の硬直性にあるのかもしれません。不況でも解雇が難しいとなると、好景気でも正社員を増やさず、残業でなんとかしようとするインセンティブが働くでしょう。

競合商品と大差のないコモディティ（3-5）だと、競争手段は価格などに限られてしまいます。
不毛な値下げ合戦を避けるには、「はなまるうどん」対「丸亀製麺」（5-7）のように、どこかで違いをつくって（差別化して）、ライバルと棲み分ける必要があるのでしょう。

84 現代ビジネス「価格破壊が生んだ「牛丼最終戦争」～吉野家の一手がすき家の快進撃を止めた！」2016年4月12日、https://gendai.ismedia.jp/articles/-/48325

85 東洋経済ONLINE「海外一流ブランドがセールを一切しない理由」2017年4月19日、https://toyokeizai.net/articles/-/167344

Lesson
5-9

コカ・コーラはレシピの秘密をどう守っている？

資源ベース理論

アダム・スミスは『国富論』のなかで「水とダイヤモンドのパラドックス」として知られる問題を考えました[86]。

水は生きるために不可欠ですし、ものを洗うのにもつかえて、とても便利です。これに対して、光り輝くダイヤモンドは美しいのですが、それ以外にはこれといった実用性がありません。なぜ、水よりもダイヤモンドの方がはるかに高価なのでしょうか。

結局のところ、ダイヤモンドの価格は「希少価値」によって高くなるのだと考えられます[87]。金（きん）やダイヤモンドは、需要に対して供給が少ないので価格が高いのです。

商品の供給をコントロールして高価格を実現するには、独占や差別化（**3-5**）によって「その商品を提供できるのは自分だけ」という状態にしなければなりません。「水」のようにありふれたコモディティ（**3-5**）では、自分が供給を絞っても、お客はライバルへ流れるだけです。

他では買えない魅力的な商品を売る必要があるのです。

持続的な競争優位と模倣

ユニークな人気商品を開発しても、ライバルに模倣されてしまうと競争優位は続きません。たとえば「特許で守られている」「先行者優位（**3-6**）のためにライバルが追いつけない」など、独自性を守るしくみがなければ「**持続的な競争優位**」（sustainable competitive advantage）にはなりません。こうした考え方は「**資源ベース理論**」（resource based theory）として知られます。それについては、**9-6**でもう少しお話しします。

模倣を防ぐために、ひたすら秘密にするというやり方もあります。

「コカ・コーラ」の競争優位を生み出しているのは、CMによるブランド・イメージなどもあるかもしれませんが、何といってもあの独特の味でしょう。

原液のつくり方は限られた数人しか知らないそうで、それが誰なのかも企業秘密だそうです。その極秘レシピは、アトランタにある銀行の金庫に1919年から保管されているそうです[88]。

「ケンタッキー・フライド・チキン」の競争優位も、なかなか真似できないあの味にあるのでしょう。ガーリック、ジンジャー、ペッパーなど11種類のスパイスが入っていますが、その配合はケンタッキー最大の企業秘密です。

アメリカで1回目の調合が行われ、日本の工場で2回目、そして全国の各店舗で最終的な調合が行われます。調合を3段階に分けることで、1つや2つの段階で秘密が漏れても、完全な配合はわからないようになっています[89]。

「まいたけ」(舞茸)は、今ではスーパーで安く買えますが、かつては高級料亭でしか食べられない幻のキノコだったそうです。

まいたけの人工量産技術を初めて確立したのは「雪国まいたけ」でした。この会社も作業工程を細分化して、社長と数人の社員だけにしか栽培の全体像はわからないようにしました。湿度や温度といった栽培ノウハウは、最も重要な機密とされました[90]。

差別化によって高価格を実現するポイントは、希少性(3-3)を高めることです。希少性は、「需要に対して供給が少ない」「求められる量に対して、手に入る量が少ない」ということです。

86 アダム・スミス著、水田洋監訳、杉山忠平訳『国富論』(岩波文庫、2000年)、第1編、第4章。

87 金子昭彦・田中久稔・若田部昌澄著『経済学入門 第3版』(東洋経済新報社、2015年)、p.7

88 TBS「がっちりマンデー!!」2006年5月14日放送(本文中で紹介した情報は放送当時のものです)、https://www.tbs.co.jp/gacchiri/archives/2006/0514.html

89 TBS「がっちりマンデー!!」2006年5月21日放送(本文中で紹介した情報は放送当時のものです)、https://www.tbs.co.jp/gacchiri/archives/2006/0521.html

90 TBS「がっちりマンデー!!」2006年7月16日放送(本文中で紹介した情報は放送当時のものです)、https://www.tbs.co.jp/gacchiri/archives/2006/0716.html

Lesson
5-10 競争しない競争戦略？

ニッチ戦略、ブルー・オーシャン戦略、「協争」

集中戦略と同じような意味で「**ニッチ戦略**」（niche strategy、すきま戦略）という言葉があります。

ニッチというのはもともと生態学の用語で、生物の生存領域（生存条件）のことです。生物たちは、さまざまな時間・空間・状況に棲み分けています。

生態学者のガウゼ（Georgii F. Gause）は、ゾウリムシを飼う実験で、資源（餌）をめぐる競争のために、より環境に適した種だけが生き残り、そうでない種は絶滅することを発見しました。

このことから「競争によって、弱者はニッチから排除される」という「**競争排除の原理**」（competitive exclusion principle）が導かれました[91]。「1つのニッチでは、1つの種しか生き残れない」「別々のニッチに棲み分けなければ、生き残ることは難しい」ということです。

たとえば初期の哺乳類は、昼間は恐竜が闊歩していた時代に、彼らと棲み分けて夜行性で暮らしていたといわれます。恐竜が絶滅して初めて、昼行性の哺乳類が現れたというのです[92]。

乾燥した砂漠には、サボテンのような生物が適応しました。モグラのように、地中に適応した動物もいます。魚は海を泳ぎ、鳥は空を飛びます。深海や暗い洞窟に適応した生き物もいます。暑い地方、寒い地方に適応したものもいます。さまざまな生物が、別々のニッチに棲み分けています。

ビジネスの世界でも、ライバルと同じやり方で同じ資源（顧客）を奪い合うのでは、ゼロ・サム（**2-6**）の熾烈な競争になってしまいます。自分の強みを発揮できて、ライバルが簡単には入ってこられない独自のニッチを見つけることが大切でしょう。

ブルー・オーシャン戦略

ポーターの競争戦略は、ライバルとの「競争」を前提として、戦い方を考えるものでした。これに対して「競争のない新しい市場（ニッチ）を開拓し、差

図9　競合企業による物流協力の取り組み

コンビニ大手3社	セブン - イレブン・ジャパン	店舗への配送トラックの駐車スペースを共用
	ファミリーマート	
	ローソン	
ビール大手4社	キリンビール	北海道エリアと関西－九州間で鉄道などを使い共同輸送
	アサヒビール	
	サントリービール	
	サッポロビール	
製紙4社	王子ネピア	ティッシュペーパーなどの輸送で連携。輸送用のパレットを共同で利用し効率化
	日本製紙クレシア	
	大王製紙	
	カミ商事	
食品大手5社	味の素	2019年4月に物流部門を統合した新会社を設立、全国規模で共同配送を行う
	カゴメ	
	日清オイリオグループ	
	日清フーズ	
	ハウス食品グループ本社	

参照：SankeiBiz「コンビニ3社が配送で協力 駐車場を共用、人手不足に対応」2019年1月9日
https://www.sankeibiz.jp/business/news/190109/bsd1901090500005-n1.htm

別化と低コストを両立する」という「**ブルー・オーシャン戦略**」(blue ocean strategy)[93]の考え方もあります。「血で血を洗うレッド・オーシャン（red ocean、赤い海）から逃れて、手つかずの新天地、青い海を見つける」というイメージです。**5-5**でとりあげた「QBハウス」や「カーブス」は、ブルー・オーシャン戦略の実例としても知られます。

ただし、ブルー・オーシャンを見つけたとしても、模倣者は次々と現れるでしょう。どうやって「持続的な競争優位」（**5-9**）を守るかが問題になります。

競争だけにとらわれない「協争」(co-opetition)[94]という考え方もあります。これは「cooperation」(協力)と「competition」(競争)をくっつけた造語です。「ときには競争相手と協力することで、互いに利益を得られることもある」ということです。近年では、図9のような例があります。

91　片野修著『新動物生態学入門』(中公新書、1995年)、第七章「競争排除則」

92　AFPBB NEWS「夜行性から昼行性に完全移行した初の哺乳類は霊長類 恐竜絶滅後 研究」2017年11月7日、https://www.afpbb.com/articles/-/3149581

93　W・チャン・キム、レネ・モボルニュ著、入山章栄監訳・有賀裕子訳『ブルー・オーシャン戦略 競争のない世界を創造する』(ダイヤモンド社、2015年)

94　B・J・ネイルバフ & A・M・ブランデンバーガー著、嶋津祐一・東田啓作訳『コーペティション経営』(日本経済新聞出版、1997年)

Lesson 5-11

世界での日本企業の地位は？

世界のトップ企業ランキング

この章の最後に、世界での日本企業の地位を考えましょう。

1989年のバブル絶頂期には、世界の株式時価総額（≒企業価値）のランキングで、上位50社のうち32社を日本企業が占めました。日本企業が世界を席巻した時代でした。

図10は、その約30年後、2018年のランキングです。

トップ５は、GAFA（「ガーファ」、Google、Amazon、Facebook、Apple）、これにマイクロソフト（Microsoft）を加えてGAFAM（「ガーファム」）と呼ばれる米国企業で占められています。

３位の「アルファベット」というのは、グーグルを運営している会社です。

６位の米国「バークシャー・ハサウェイ」は、著名な投資家のウォーレン・バフェットさんが率いる会社です。

７位の中国「アリババ」は、オンライン・ショッピング「タオバオ」などを運営する会社です。

８位の中国「テンセント」は、メッセージ・アプリ「WeChat」などを運営する会社です。

2018年のトップ50では、米国企業が32社を占め、次いで中国企業が７社ランク入りしています。日本企業はトヨタ１社のみ（35位）になってしまいました。

バブル崩壊後の30年間で、日本企業は世界での競争地位を大きく下げたといえるでしょう。

図10　2018年の世界時価総額ランキング

順位	企業名	時価総額(億ドル)	国名
1	アップル	9,409.5	米国
2	アマゾン・ドット・コム	8,800.6	米国
3	アルファベット	8,336.6	米国
4	マイクロソフト	8,158.4	米国
5	フェイスブック	6,092.5	米国
6	バークシャー・ハサウェイ	4,925.0	米国
7	アリババ・グループ・ホールディング	4,795.8	中国
8	テンセント・ホールディングス	4,557.3	中国

参照：「週刊ダイヤモンド」2018年8月25日号(ダイヤモンド社)

2018年の上位企業の多くは、30年前にはなかった会社です。アマゾンの創立が1994年、グーグルとテンセントは1998年、アリババが1999年、フェイスブックは2004年です。こうした企業の時価総額は、この30年でざっと10倍になっています。

これに対して日本国内の上位20社には、この30年間に生まれた企業は1つもありません。日本の上位100社のなかで、この30年間に創業したのは楽天ただ1社です[95]。古い企業が踏みとどまっているだけで、新たな成長企業がなかなか出てこないのです。

95　現代ビジネス「「失われた30年」を体感した経済ライターが、令和に切に願うこと」2019年5月10日、https://gendai.ismedia.jp/articles/-/64433

Lesson

5-12 なぜ、日本の企業は姿を消した？

身近な商品の世界シェア

日本の会社が世界で活躍した1980年代を知る人間として、近年の状況には衝撃を覚えます。**図11**は、いくつかのIT・家電製品の世界シェアを示したものです。

「スマートフォン」「パソコン」といったIT（情報技術）製品や、「テレビ」「冷蔵庫」といった身近な家電製品で、日本企業の存在感はほとんど消えてしまいました。

現在こうした分野で上位を占めるのは、米国、中国、韓国などの企業です。

日本企業の低迷の理由について、本当のところはわかりませんが、次のようなことは考えられます。

高度成長の時代、つまり「アメリカに追いつき追いこせ」といった目標があり、やるべきことが明確だった時代には、ひたすら量をこなす、ひたむきな勤勉さがプラスに働いたのかもしれません。がむしゃらなガンバリズムが、それなりに成果につながったのでしょう。

しかし、情報革命（**8-8**）で変化が速くなった現代は、創造性とイノベーションの時代です。スピードをもって変化に対応しなければなりません。斬新なアイデアをいち早く構想し、果敢にチャレンジすることが重要です。

たとえば、シャベルと手押し車で土砂を運んだ時代は、勤勉で長時間働く労働者が成果をあげたでしょう。しかし、イノベーションが起きてブルドーザーやトラックが現れると、生産性は一気に100倍、1000倍になります。昔と同じやり方の努力には、まったく意味がなくなります。

以前と同じやり方で勤勉に働いても、新しいイノベーションをとりいれて生産性を飛躍的に高めていくライバルには、とうてい勝てないでしょう。

人並み、横並び、「出る杭は打たれる」といった文化は、そうした時代には合わないのかもしれません。

図11　IT・家電製品の世界シェア（%）

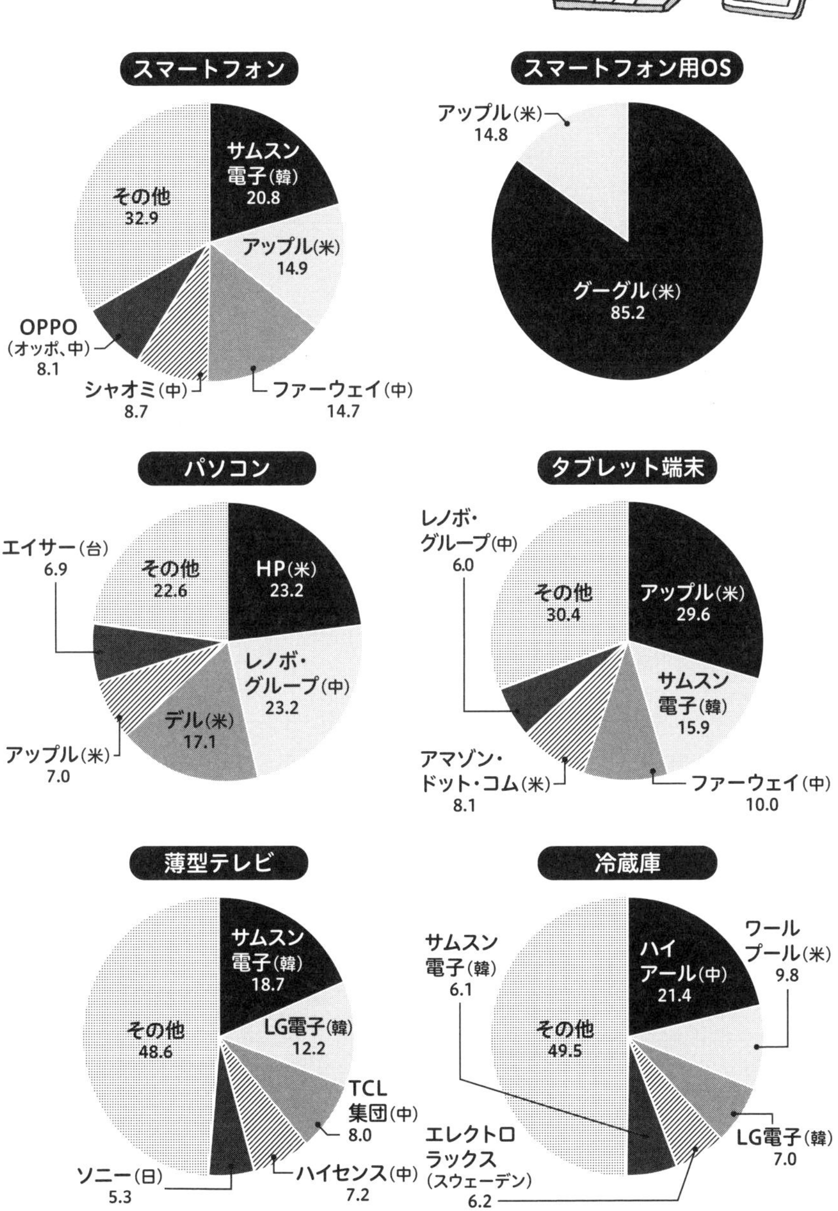

参照：『日経業界地図 2020年版』（日本経済新聞出版、2019年）

Column 5

ラモスさんが指摘する日本サッカーの弱点

SWOT分析

あるテレビ番組で、サッカー元日本代表のラモス瑠偉さんが「日本サッカーのレベルは上がったか」と聞かれて、こんなことを言っていました。

技術はちょっと上がっていると思います。ただ、サッカーを知らないね、今の選手たちは。駆け引きができない。戦い方を知らない。私が見てると。たとえば相手の一番嫌なところを攻めるとか、相手の一番いいところを見つけて消すとか、その駆け引きを今の選手はわかっていない。[96]

ラモスさんが言うのは「**SWOT分析**」（SWOT analysis）の考え方でしょう。

SWOTは、Strength（強み）、Weakness（弱み）、Opportunity（機会）、Threat（脅威）の頭文字をとったものです。「強み」は自分側のプラス要因、「弱み」は自分側のマイナス要因、「機会」は外部環境のプラス要因、「脅威」は外部環境のマイナス要因です。

たとえば、サッカーで自分のチームの「強み」は「足が速くスタミナ豊かなフォワードがいる」ということだとします。そこから「引いて守って、ロングボールでカウンターを狙う」という戦術が出てくるかもしれません。

「弱み」は「ディフェンダーの背が低く、空中戦になると弱い」ということだとします。そこから「相手のウイングをしっかりマークして、センタリングを上げさせない」という戦術が出てくるかもしれません。

「機会」は「明日の試合はかなり気温が高くなりそうだ」ということだとします。そうすると「前半は相手を走らせて、バテて足が止まったところでカウンターを狙う」という戦術が出てくるかもしれません。

「脅威」は「雷雨の可能性がある」ということだとします。そうなると、ぬかるみにボールや足をとられて、スピードを活かしたカウンターは難しくなりそうです。それに備えて、別の戦術オプションを用意する必要があるかもしれません。

このように、SWOTを分析することで、戦略を考えるヒントが得られます。SWOTはあくまでも基本的な枠組みで、具体的な戦略は自分で考えるしかないのですが、知っておいて損はないでしょう。

---

96 テレビ朝日「ビートたけしのTVタックル」2017年7月2日放送

第6章

みんなで協力して目的を実現する「組織」

第６章～第８章では、組織のマネジメントについて学びます。

第６章ではまず、「囚人のジレンマ」や「内集団バイアス」といった話題にふれながら、「人はなぜ、どんなときに協力するのか」を考えます。

また、「共有地の悲劇」や「合成の誤謬」といったテーマにからめて、「なぜ組織やリーダーが必要なのか」を考えます。

「組織の起源」「組織とは何か」といったトピックスもとりあげます。

Lesson
6-1 協力するか、裏切るか

囚人のジレンマ

さて、ここからは組織の話をしましょう。組織はなぜ必要なのでしょうか。

2-4で、経済学では基本的に「市場にまかせる（人々が自分の利害にもとづいて行動する）だけで、世の中はうまくいく」ことになっているという話をしました。しかし外部効果による「市場の失敗」と呼ばれる現象もあり、それだけではうまくいかないこともありました。そうしたことについて、もう少し考えてみましょう。

ゲーム理論（**2-1**）で「**囚人のジレンマ**」(prisoner's dilemma) として有名な、次のような問題があります。

トムとジェリーは犯罪グループの相棒で、「もし捕まっても、お互い絶対に自白はしない」という固い約束を交わしていました。

さて、２人ともあえなく捕まってしまい、別々の部屋で取り調べを受けます。

刑事がトムに言います。

「お前が自白して、ジェリーが黙秘なら、お前は無罪放免で、ジェリーは懲役10年だ」

「お前が黙秘して、ジェリーが自白したら、お前は懲役10年で、ジェリーは無罪放免だ」

「２人とも黙秘なら、仲よく懲役３年ずつだ」

「２人とも自白したら、仲よく懲役７年ずつだ」

刑事はジェリーにも同様のことを言います。

みなさんがトムやジェリーの立場だったら、どうするでしょうか。

この状況を示すのが、**図12**です。

トムの立場から考えましょう。

ジェリーが黙秘した場合には、トムは黙秘すれば懲役3年、自白すれば懲役０年です。

ジェリーが自白した場合には、トムは黙秘すれば懲役10年、自白すれば懲

図12　囚人のジレンマ

	トムは黙秘（協力）	トムは自白（裏切り）
ジェリーは黙秘（協力）	トム：3年 ジェリー：3年	トム：0年 ジェリー：10年
ジェリーは自白（裏切り）	トム：10年 ジェリー：0年	トム：7年 ジェリー：7年

役7年です。

ジェリーが黙秘しても自白しても、トムとしては自白する方が有利です。

ジェリーの立場からも同じように考えてください。トムが黙秘しても自白しても、ジェリーは自白する方が得です。

そのため、トムもジェリーも自分の利害にもとづいて行動すると、2人とも相手を裏切って自白することになります。そうすると、2人とも懲役7年になります。

ところで、2人の損得の合計で考えると、一番よいのはどんな結果でしょうか。
2人の懲役年数の合計が一番小さいのは、2人とも協力（黙秘）した場合で、合計6年（懲役3年ずつ）です。自分の損得で考えてお互いに裏切ると、2人とも倍以上の年数を刑務所で過ごすはめになります。

Lesson
6-2 よそ者には冷たい？
血縁者びいきと内集団バイアス

授業で囚人のジレンマの話をしたとき、「トムとジェリーがもし兄弟だったら、結果は違うのではないか」と言った学生がいました。これはなかなか鋭い指摘です。

「**血縁者びいき**」(kin favoritism, kin altruism) というのは人間だけでなく、多くの生物にみられる現象です。「**血縁主義**」(nepotism、血縁者の優遇) という言い方もあります。

社会心理学では、「**内集団バイアス**」(in-group bias) と呼ばれる現象があります。「**内集団**」(in-group) は自分が所属する集団、「**外集団**」(out-group) はそれ以外の集団です。

たとえば、オリンピックやワールドカップのような国際大会で、日本人の多くは日本のチームを応援して、得点が入るたびにガッツポーズをしたりします。考えてみると、日本のチームが活躍したからといって自分がすごいわけでもないのですが、何となくうれしくなります。運動会でたまたま白組になっただけでも、白組の仲間との連帯感や、赤組に対する対抗意識が芽ばえます。

「内集団のメンバーには親しみや好意を抱き、外集団のメンバーには敵意をもち蔑視する」という心理的な習性があるのです。そうした例は、愛校心、愛社精神、愛国心など、いくらでもあげられます。こうした内集団バイアスは、残念ながら外集団への偏見や差別にも結びつきます。

生物学者のドーキンスは『利己的な遺伝子』のなかで、「もしかすると人種差別とは、肉体的に自分に似た個体と結びつき、外見の異なる個体を嫌うという性質が血縁淘汰によって進化し、それが非理性的に一般化された結果、生じたものだとみることができるかもしれない[97]」と書いています。

血縁関係は、協力を促進する

進化の結果として、生物は自分の遺伝子をできるだけ多く残そうとする習性

図13　トムとジェリーが実の兄弟の場合

	トムは黙秘（協力）	トムは自白（裏切り）
ジェリーは黙秘（協力）	トム：4.5年 ジェリー：4.5年	トム：5年 ジェリー：10年
ジェリーは自白（裏切り）	トム：10年 ジェリー：5年	トム：10.5年 ジェリー：10.5年

をもちます（**1-8**）。

もしトムとジェリーが実の兄弟なら、彼らは確率1/2で同じ遺伝子をもつことになります。それは何を意味するのでしょうか。

トムにとって、自分の遺伝子を残す手段は、自分の子を残すことだけではありません。繁殖の成功という意味では、兄弟のジェリーが子を２人残せば、自分が子を１人残すのと同じくらいの効果があるといえます。

大まかにいえば、ジェリーが何か得をすれば、トムは自分もその半分くらいは得をしたような気分になるはずです。ジェリーが何か損をすれば、トムは自分もその半分くらいは損をしたように感じるはずです。ジェリーもトムに対して、同じように感じるはずです。

この考え方を反映して、**図12**を修正したものが**図13**です。ここでは単純に、ジェリーの懲役年数の半分をトムの懲役年数に加え、トムの懲役年数の半分をジェリーの懲役年数に加えてあります。

図12のときと同じように確かめてみてください。今度は、トムとジェリーがそれぞれの損得で判断しても、お互いに黙秘（協力）することになります。

血縁関係が近いほど協力が実現しやすいことは、生物学では「血縁淘汰」（kin selection）や「包括適応度」（inclusive fitness）という考え方で説明されます。

97　リチャード・ドーキンス著、日高敏隆・岸由二・羽田節子・垂水雄二訳『利己的な遺伝子』（紀伊國屋書店、1991年）、p.158

Lesson
6-3 自分は嫌だけど、他人にはやってほしい

社会的ジレンマ、共有地の悲劇、自己成就する予言

「囚人のジレンマ」という言葉は参加者が２人のときにつかわれ、３人以上になると「**社会的ジレンマ**」(social dilemma) と呼ばれます。

ネズミの社会で、「ネコの首に鈴をつける」相談をしているとしましょう。

鈴をつけることができれば、ネコの動きがわかるので、食べられるネズミの数は減ります。ネズミ社会にとっては望ましい話です。

しかし「総論賛成、各論反対」という言葉がありますが、ネズミ社会でもそうなってしまいます。みんな「誰かがネコに鈴をつければいい」ということには賛成なのですが、「自分はやりたくない」と言うのです。個々のネズミの利害からいえば、自分が殺される危険をおかして鈴をつけにいくのは嫌なのです。

「**共有地の悲劇**」(tragedy of the commons) として有名な問題もあります。

羊飼いたちが、共有の牧草地で羊を放牧します。羊が牧草を食べ尽くすと、草地は荒廃します。社会全体の利益からいえば、羊飼いたちが自制心をもって、牧草地を守ることが大切です。

しかし個々の羊飼いの利害で考えると、みんな自分の羊にだけはたくさん食べさせたいと思います。そうすると牧草地は荒れて、結局みんなが損をします。「囚人のジレンマ」と同じ状況です。

漁業も同じです。水産資源の枯渇を防ぐためには、どの漁師も節度をもって、魚を獲りすぎないようにするべきでしょう。しかし個々の漁師の損得でいえば、みんな自分だけは魚をたくさん獲りたいと思います。

自己成就する予言

東日本大震災のときもそうでしたが、「新型コロナ」でも、一部の商品が買い占められて店頭から消えました。本当に商品の供給が減ることもあるのですが、たいていは人々が必要以上に不安になり、普段よりもはるかに多くの商品を買うことで品不足が起こります。

この問題の難しいところは、そのことを理解している人でも、買い占め競争に加わらざるを得ないことです。多くの人たちが品不足になると信じて買い占めをすると、たとえその予想が的外れでも、彼らの行動によって本当に品不足が起こります。そうした現象を「**自己成就する予言**」(self-fulfilling prophecy、自らを実現させる予言)といいます。

自己成就する予言の例として、銀行の「取り付け騒ぎ」が有名です。「金融機関が倒産するのではないかという不安から、早く預金を引き出してしまおうと、大勢の人が銀行へ押しかける」ことをいいます。

1927年に「昭和金融恐慌」という事件がありました。当時の大蔵大臣(今でいう財務大臣)だった片岡直温(なおはる)が誤って、「東京渡辺銀行が破綻」と発言したそうです。それをきっかけとして金融不安が起こり、取り付け騒ぎがはじまりました。

多くの銀行が休業を余儀なくされて、当時の若槻内閣は総辞職に追い込まれました。新たに蔵相となった高橋是清(これきよ)が事態を収拾するまで、大変な混乱が続きました[98]。人々の誤った思い込みが、本当になってしまうこともあるのです。

「**バブル経済**」(bubble economy)もそうです。土地や家や株の値段がこれから上がっていくと人々が思うと、みんなそれを買おうとします。いま買って、値上がりしてから売れば儲かるからです。

買う人が多いと、供給に対して需要が多くなるので、価格は実際に上がります。人々がそう思い込んで行動するだけで、本当に価格がどんどん上がっていくのです。

株式評論家が、「バブルには早めに乗って、早めに逃げるのがいい」と解説しているのを聞いたことがあります。バブルだとわかっていて、あえて参加する人もいるのです。ただし、バブルが崩壊するタイミングは、誰にもわかりません。

98 坪井賢一「昭和金融恐慌で高橋是清が危機を処理した44日間(1927年)」DIAMOND Online、2012年1月27日、https://diamond.jp/articles/-/15881

Lesson 6-4

他人の損は自分の得？

合成の誤謬

「個々の主体が自分の利益になる行動をとると、全体の利益が損なわれる」ということがときどきあります。経済学ではこれを「**合成の誤謬**（ごびゅう）」（fallacy of composition）といいます。

たとえば、体育館で映写会があり、多くの人が座って見ているとしましょう。前の人が邪魔で見にくいとき、自分だけ立ち上がればよく見えるようになります。しかし全員が同じことを考えて立ち上がると、見やすさはあまり変わらず、みんな立って疲れるだけということになります。比喩的に「軍拡競争」と呼ばれる状況です。

「囚人のジレンマ」や「社会的ジレンマ」も、合成の誤謬の一種です。「部分最適は必ずしも全体最適にはつながらない」（**4-3**）ということです。

なぜそういうことが起こるかというと、「外部効果」（**2-4**）があるからでしょう。ある主体の行動が自分だけで完結するのならよいのですが、実際には他の主体へ何かしらの効果（影響）をおよぼすことが多いのです。

「自分が自白すると、他人の刑が重くなる」「自分が猫の首に鈴をつけると、他のネズミの命が助かる」「自分の羊に食べさせると、他人の羊の牧草が減る」「自分が買うと、他人が買えなくなる」「自分が立つと、他人の視野を遮る」といった、他者への影響が外部効果です。

良識のある賢い人であれば、そうした影響にも配慮して、自分の行動を決めるかもしれません。しかし残念ながら、そういう人ばかりではないようです。

インセンティブで外部効果をコントロールする

個々の自由にまかせると、全体の利益が損なわれるということがしばしば起こります。全体にとってよい結果を実現するには、統治機構やリーダーのように、人々の行動を調整する上位の主体が必要になります。

そうした権力が腐敗して私利私欲のために乱用されることもあり、それを防ぐのもまた難しい問題です。係長たちを課長がチェックし、課長たちを部長がチェックし、と続けていくと、どこまでいっても下位のリーダーをチェックする、さらに上位のリーダーが必要になります。

最終的には「三権分立」のように、権力を集中させず、相互に監視や牽制をするといった工夫が必要になります。企業でのそうしたしくみは「**コーポレート・ガバナンス**」(corporate governance、企業統治）と呼ばれます。

組織をマネジメントするうえでは、利己的で他者への配慮に欠ける人も多いことを前提に、組織全体がうまくいくように考えなければなりません。その鍵になるのはインセンティブ（**1-3**）でしょう。

他者や全体へのよい影響（外部便益）は奨励しなければなりません。そのために「報酬」を与えます。政府は外部便益を奨励するために、補助金のような報酬をつかいます。

他者や全体への悪い影響（外部費用）は抑制しなければなりません。そのために「罰」を与えます。政府は外部費用を抑制するために、課税や刑罰をつかいます。

犯罪や違法行為というのは、社会に外部費用をもたらす身勝手な行動のことです。たとえば、スピード違反や駐車違反をする人は、本人にとっては利益があって、そうするのでしょう。しかし、それは他人を危険にさらしたり、迷惑をかける行為でもあります。そうした行動を抑制するインセンティブとして、罰金や刑罰が課されるわけです。

Check!

☑ 内部化

「報酬と罰によって外部効果を本人の損得に反映させ、他者への影響まで考慮して行動するインセンティブを与える」ことを、外部効果の「**内部化**」(internalization) といいます。外部へ向けられた効果を、内部（本人）へ戻してやるということです。

Lesson

6-5 相手のマネをするのが最強？

協力の進化と因果応報戦略

6-1では、「囚人のジレンマ」の状況におかれたトムとジェリーが「自分の損得にもとづいて行動すると、裏切り合ってお互いに損をする」という話をしました。本当にそう単純に割り切れるものなのか、疑問に思う読者がいたかもしれません。

現実の世界では、トムとジェリーの人間関係は、その後も長く続くかもしれません。もし約束を破って相手を裏切ったら、あとで報復されたり、仲間内での評判が悪くなるかもしれません。

現在のお互いの行動が、将来のお互いの行動に反映される状況で「協力か、裏切りか」を考える「繰り返し囚人のジレンマ」(iterated prisoner's dilemma) という問題があります。『つきあい方の科学』[99]という本で書かれたものが有名です。原著のタイトルは「**協力の進化**」(evolution of cooperation) です。

著者のアクセルロッド (Robert M. Axelrod) は、さまざまな戦略を研究仲間から募集して、「繰り返し囚人のジレンマ」の状況で対戦させるという実験を行いました。いろいろな戦略をリーグ戦方式で対戦させて、どれが最も高い得点をあげるか調べたのです。この大会については『利己的な遺伝子』[100]でも詳しく紹介されています。

ここでいう「戦略」は、たとえば「必ず協力する」「必ず裏切る」「ランダム (偶然にまかせる)」といったものです。「相手が一度でも裏切ったら、二度と協力しない」という執念深い戦略もありました。

因果応報戦略の強さ

アクセルロッドは2度にわたって大会を開催しましたが、最も優秀な成績をあげた戦略は同じで、「因果応報」(tit for tat) と呼ばれるものでした。「しっぺ返し」とも翻訳されます。

この戦略は「最初は協力する。相手が協力を続けるかぎり、自分も協力する。

相手が裏切ったら、自分も裏切る。相手が協力に転じたら、自分も協力に転じる」というものです。「基本的には協力して、相手が裏切った後だけ、自分も裏切り返す」ということです。

「囚人のジレンマ」の損得（ゲーム理論では「**利得**」(payoff) といいます）の構造を思い出してください。「裏切り合うよりは、協力し合う方がお互いの得になる」「自分が裏切って、相手が協力してくれるのが最も得になる」「自分が協力して、相手に裏切られるのが最も損になる」ということでした。

「自分だけ裏切り続けて、相手は協力し続けてくれる」のが一番よいのですが、それは虫のよい考えでしょう。ふつうは相手を怒らせれば協力してもらえなくなり、自分も損をします。基本的には裏切らない方がよいのでしょう。

「裏切りつづける相手に対して、自分だけ協力し続ける」というのは、あまりにもお人好しで損をします。相手が裏切った後には、報復して怒りを示すことも必要でしょう。

しかし、基本的にはお互い協力する方が得になるので、相手が改心したら、再び協力関係に戻る寛大さも必要です。裏切られたことをずっと根にもって、敵対し続けるのも損でしょう。

そうしたことから、「基本的には協力を目指す」「相手が裏切ったら毅然と怒りを示す」「相手が改心したら寛大に許す」という因果応報戦略が有効になるのでしょう。

アクセルロッドの実験では「因果応報」に限らず、協力を基調とする戦略が優勢で、裏切り中心の戦略はあまりうまくいきませんでした。

99　R・アクセルロッド著、松田裕之訳『つきあい方の科学 バクテリアから国際関係まで』（ミネルヴァ書房、1998年）

100　リチャード・ドーキンス著、日髙敏隆・岸由二・羽田節子・垂水雄二訳『利己的な遺伝子』（紀伊國屋書店、1991年）、第12章

Lesson 6-6

情けは人のためならず？

互恵的利他主義

生物学者のトリヴァース（Robert L. Trivers）は、血縁関係がなくても協力が進化するしくみとして「**互恵的利他主義**」（reciprocal altruism）というものを考えました。トリヴァースは次のように書いています。

私たち人類の進化史の少なくともここ500万年ほどの間、さまざまな互恵的関係を築き上げさせるような自然選択圧が私たちの祖先に強く働いたようである。私がこのように結論する根拠の一つに、友人や同僚、知り合いとの間の関係を支配している強力な感情のシステムを人間が持ち合わせていることがある。事故にあったり、食われてしまいそうになったり、他の人間に攻撃されたりといった危険に遭遇したとき、人間はいつも助けあう。また、食べ物をわけあったり、病人や怪我人、幼児の面倒をみたりする。こういった行動は施すほうには小さいコストしかかからないが、施してもらうほうには大きい利益をもたらすという、利他行動が進化するための条件を満たしていることが多い。血縁関係が絡んでいることもよくあるが、決していつもそれが必要なわけではない。ほんの少ししか血がつながっていないことがわかっている相手でもよく助けるのだ。[101]

利他的な行動の謎

自分が犠牲（費用）を払って、他者の利益になる行動をとる「**利他主義**」（altruism）の存在は、生物学のちょっとした謎でした。

多くの文化に共通する道徳として、「黄金律」（golden rule）と呼ばれるものがあります。「自分がしてほしいことを他人にしてあげなさい」というもので、利他主義に通じる考え方です。

しかし、人間を含む動物の本能的な行動は、現代社会の道徳規範には反することの方が多いでしょう。自然にまかせてはうまくいかないからこそ、道徳や法律によって矯正する必要があるのでしょう。

1-8で説明したように、生物は自分自身の遺伝子を多く残すように進化します。相手が近親者なら、親切に助けることは自分の遺伝子を残すための合理的な行動になります（**6-2**）。

しかし、ほとんど血のつながっていない相手のために犠牲を払っても、生物学的なメリットはないはずです。利他的に見える行動はどのように進化したのでしょうか。

「情けは人のためならず」ということわざがあります。よく誤解されて「情けをかけると相手のためにならない」という意味だと思っている人もいるようです。実際には「情けをかければ、いずれは自分に返ってくる。情けをかけるのは相手のためではなく、自分のためなのだ」という意味です。これがまさに「互恵的利他主義」の考え方です。

みなさんにも経験があるかもしれませんが、毎日会うクラスメートとケンカをして意地悪し合うようになると、お互いに損をします。よく会う人とは、協力して親切にし合う方が、お互いにとって得になります。

人間も含め、群れをつくる動物では、仲間との協力関係が自分自身の生存と繁殖に役立つので、協力行動が進化してきたと考えられます。互恵的利他主義は、本当の利他主義というより、賢い利己主義というべきものかもしれません。

トリヴァースは、社会的な関係には次の4種類があると言います。「利他」（altruistic、自分が損をして相手に得をさせる）、「利己」（selfish、自分が得をして相手に損をさせる）、「協力」（cooperative、自分が得をして相手にも得をさせる）、「両損」（spiteful、自分が損をして相手にも損をさせる）です（『生物の社会進化』p.49）。

101 ロバート・トリヴァース著、中嶋康裕・福井康雄・原田泰志訳『生物の社会進化』（産業図書、1991年）、pp.474-475

Lesson **6-7**

群れるのには理由がある？

組織の起源と存在理由

なぜ、動物は群れをつくるのでしょうか。

簡単にいえば、群れることに利益があるからでしょう[102]。

たとえば群れたハイエナは、独りでいるときよりもはるかに大きな動物を狩ることができます。獲物を仲間で分けることになっても、単独のときよりも効率的に食料を得ることができます。

集団で巨大な網を張るクモもいますが、おそらく同じ理由でしょう。

南極で暮らすコウテイペンギンは、「おしくらまんじゅう」のように集まって寄り添うことで、体温を維持します。単独でいるよりも、冷たい風雪にさらされる表面積を減らせるからです。

ヒトを含む霊長類も群れ（社会）をつくりますが、これも集団でいることにメリットがあるからでしょう。

狩りでも、なわばりの防衛でも、敵対者との戦いでも、集団でいる方が有利です。多くの仲間の目があれば、敵を早く発見できます。捕食者に襲われたとしても、大きな群れにいれば撃退しやすく、自分が犠牲になる確率は低くなります[103]。

人々が「**協力**」（cooperation）する理由について、「経営学の父」と呼ばれたバーナード（**1-1**）は、シンプルに「協力するのは、1人ではできないことをするためである」と書いています[104]。

協力にはインセンティブが必要

しかし、これまでに見てきたように、人間は無条件に協力する生き物ではありません。人が協力するのは、（進化の観点から究極的にいえば）自分に利益があるときだけです。

それは組織をマネジメントするうえで重要な前提になるでしょう。組織のために働いてもらうには、それに見合ったインセンティブ（報酬）を与えなければなりません。奴隷のように一方的に働かせることはできないのです。

経営学者のドラッカー（**1-1**）は、次のように書いています。

人間は他の資源とは異なり、自分が仕事をするかどうかについて、完全なコントロールを握っている。独裁者はこのことを忘れがちだが、人々を銃で撃っても仕事は完成しない。だから人材には、つねに仕事への動機づけをしなければならない。[105]

また、バーナードは次のように言います。

個人の努力による貢献は組織のエネルギーとなるが、それはインセンティブによって引き出される。自己保存や自己満足といった利己的な動機は支配的な力をもつ。一般に、組織はそうした動機を満足させるか、変えられるときにだけ存続する。（脚注104の原著、p.139）

組織のメンバーは、利己的な動機で行動します。だからこそ、組織にはリーダーが必要です。リーダーは報酬や罰のインセンティブによって、メンバーの行動が組織全体の利益へ向かうようにコントロールしなければなりません。

十分な利益を生まなければ、メンバーに報酬を分配することはできません。だからこそ、経営資源から大きな価値を生み出す、優れたマネジメントや戦略が必要になるのです。

102 リチャード・ドーキンス著、日高敏隆・岸由二・羽田節子・垂水雄二訳『利己的な遺伝子』（紀伊國屋書店、1991年）、p.265

103 ロバート・ボイド＆ジョーン・B・シルク著、松本晶子・小田亮監訳『ヒトはどのように進化してきたか』（ミネルヴァ書房、2011年）、p.222

104 引用した部分は、以下の原著から私が翻訳しました。翻訳書も紹介しておきます。Barnard, Chester I., The Functions of the Executive, Harvard University Press, 1938, p.23；チェスター I. バーナード著、山本安次郎・田杉競・飯野春樹訳『新訳 経営者の役割』（ダイヤモンド社、1968年）

105 引用した部分は、以下の原著から私が翻訳しました。翻訳書もあげておきます。Drucker, Peter F., The Practice of Management, HarperCollins, 1954、p.264；P・F・ドラッカー著、上田惇生訳『新訳 現代の経営』（ダイヤモンド社、1996年）

Column 6

組織って、なに？

組織の３要素

組織とは何でしょうか。

バーナードは、「**コミュニケーション**」(communication)、「**貢献意欲**」(willingness to serve)、「**共通目的**」(common purpose) をもつ人々の集まりが組織だと言います[106]。バーナードは組織のことを「協力のシステム」(cooperative system、協働体系) とも表現しました。

ヒトのような多細胞生物を組織と考えることもできます。動物を構成する細胞たちにとっての「共通目的」は、個体の「生存と繁殖」です。

細胞たちは、個体の生存と繁殖に貢献することによって、自分の遺伝子を残します。個体の生殖細胞に自分の遺伝子を託すのです。体細胞が遺伝子を残す手段は他にないので、そうすることが細胞自身の利益になります。全体のために働く完璧なインセンティブ(「貢献意欲」)があるのです。

「細胞間コミュニケーション」と呼ばれますが、細胞たちはコミュニケーションをとっています。それによって各細胞は自分の役割を把握し、全体のために適切な行動をとります。

動物のなかの細胞は、分業・専門化して活動しています。目、耳、鼻、舌、肌といった感覚器は、外界の情報を集めます。神経はコミュニケーションを担い、感覚器が集めた情報を脳に伝えます。脳は情報を分析して、適切な対応を決定し、手や足の筋肉に指令を送ります。手や足は、脳の指令を実行に移します。

人が集まってつくる組織も、これとよく似ています。脳の役割を果たす上層部があります。現場で何か起これば、コミュニケーションで上層部に伝えます。上層部は集まった情報をもとに判断をして、手足となる現場へ指示を伝えます。現場はそれを実行に移すのです。

106 引用部分は、以下の原著から私が翻訳しました。翻訳書も紹介しておきます。Barnard, Chester I., The Functions of the Executive, Harvard University Press, 1938, p.82；チェスター I. バーナード著、山本安次郎・田杉競・飯野春樹訳『新訳 経営者の役割』(ダイヤモンド社、1968年)

第7章

やる気と個性を活かして、強いチームをつくる「モチベーション」と「リーダーシップ」

第7章では、「内発的モチベーション」「心理的反発」「作業興奮」「学習された無力感」といった、「モチベーション」にまつわるさまざまなトピックスを紹介します。

また、「叱るか、褒めるか」「減点主義か、加点主義か」「個人インセンティブか、集団インセンティブか」といった、「リーダーシップ」にかかわる問題について考えます。

Lesson

7-1 趣味なら平気で徹夜できる？

内発的モチベーション、心理的反発

「**内発的モチベーション**」(intrinsic motivation) という考え方があります[107]。「内発的」というのは、「内から発せられる」「心の内から自然と湧き起こる」ということです。

スポーツでも音楽でもいいのですが、趣味にいそしむ人は活動それ自体が楽しくて、惜しげもなく時間やエネルギーを注ぎます。

やりたくもない仕事で徹夜を強制されたら、大変な苦痛でしょう。しかし「好きなことに没頭するうちに徹夜してしまった」という経験のある人は多いでしょう。苦もなく大きなエネルギーを生み出すのが、内発的モチベーションです。

「朝まで生テレビ！」の司会などで活躍するジャーナリストの田原総一朗さんは、「好きなことをやって金を払うのは趣味。好きなことをやって金を取るのがプロなんですよ」と言っています[108]。内発的モチベーションでやる仕事だからこそ、80代の後半（執筆時点）になっても、エネルギッシュに続けられるのかもしれません。まさに「好きこそものの上手なれ」です。

心理的反発

外発的なインセンティブには「**心理的反発**」(psychological reactance、心理的リアクタンス) を招くという問題もあります。これは「自由を侵害されたときに、それを回復しようとする心の動き」で、社会心理学者のブレーム (Jack W. Brehm) によって研究されました[109]。

私にも経験がありますが、子どものときに親から「勉強しなさい」と言われて、「今やろうと思っていたのに、言われたらやる気がなくなった」とふてくされたことはありませんか？

それが心理的反発です。「強制されると反発したくなる」「自分の好きにさせてほしい」という心理です。

「ロミオとジュリエット」のように、禁じられた恋がますます燃え上がるというのも、心理的反発でしょう。やるなと言われるとやりたくなるのです。

子どものころに読んだイソップ童話の絵本に「北風と太陽」という話がありました。

北風と太陽が話をしていると、1人の旅人が通りかかります。北風は「よし、彼の上着を脱がせてみよう」と言って、冷たい風を吹きつけます。しかし旅人は「飛ばされてたまるか」と必死に上着を押さえて、なんとか耐え抜きます。

すると太陽は「今度は私の番だ」と言って、旅人をポカポカと照らします。すると旅人は「なんて暑いんだ」と言いながら、自分で上着を脱ぎます。

無理やり上着を脱がせようとした北風は、心理的反発をまねいて思い通りにはいきませんでした。内発的モチベーションにうまく働きかけた太陽は、自発的に上着を脱いでもらうことに成功したのです。

「串カツ田中」の貫啓二社長は、「学生時代の文化祭では無給なのに楽しめた焼きそばの提供……なぜ大人になれば給料がもらえるのに楽しめなくなるのか」と言います[110]。

給料のような外発的インセンティブによって、内発的なモチベーションが侵食される現象は「侵食効果」(undermining effect、アンダーマイニング効果)と呼ばれます[111]。

---

107 エドワード・L・デシ&リチャード・フラスト著、桜井茂男監訳『人を伸ばす力 内発と自律のすすめ』(新曜社、1999年)

108 田原総一朗著『僕はこうやってきた』(中経出版、2004年)、p.241

109 榊博文著『社会心理学がとってもよくわかる本』(東京書店、2008年)、p.38

110 「串カツ田中」ウェブサイト「MESSAGE 社長の考え方」、https://kushi-tanaka.co.jp/message/

111 金井壽宏著『働くみんなのモティベーション論』(NTT出版、2006年)、p.165

Lesson

7-2 やる気が出ないのは、なぜ？

期待理論、達成欲求、親和欲求、権力欲求

学生から「やる気を出すにはどうすればいいですか？」と質問されることがあります。モチベーションはどんなときに高くなるのでしょうか。

合理的な人は、費用対効果を考えるはずです。費用（努力やストレス）に対して、達成される効果（価値や魅力）が大きいほど、モチベーションは高くなるはずです。この考えを反映するのが「**期待理論**」（expectancy theory）です。

期待理論では、**図14**のように「努力」「成果」「報酬」という３つのステップを考えます。

まず、努力が成果につながる見込みがなければ、モチベーションは湧かないでしょう。リーダーとしては、効果的な仕事のやり方を指導したり、励ましたり、自信をつけさせて、「がんばれば報われる」と部下が確信できるようにサポートすることが大切でしょう。

また、成果が報酬につながらないのであれば、やはりモチベーションは上がらないでしょう。たとえば部下が上司を信頼できず、成果をあげても十分な見返りがないと思ったら、懸命にがんばろうとは思わないでしょう。リーダーとしては、どんな成果がどんな報酬につながるのか、部下にきちんと示すと同時に、約束は守られるという信頼関係を日頃から築いておくことが大切でしょう。

そして、最終的に得られる報酬が魅力的なものでなければ、部下は本気でがんばろうと思わないでしょう。リーダーにとって難しいのは、どんな報酬を魅力的に感じるかは人によって違うということです。部下が望むものを見極めて、適切な報酬を用意するのもリーダーの手腕でしょう。

自分でどうも「やる気」が出ないというときも、期待理論で原因をチェックできるでしょう。

「努力が成果につながらないのではないか」「徒労に終わるのではないか」という自信のなさや不安、怖れが「やる気」を損なうこともあります。

図14　期待理論

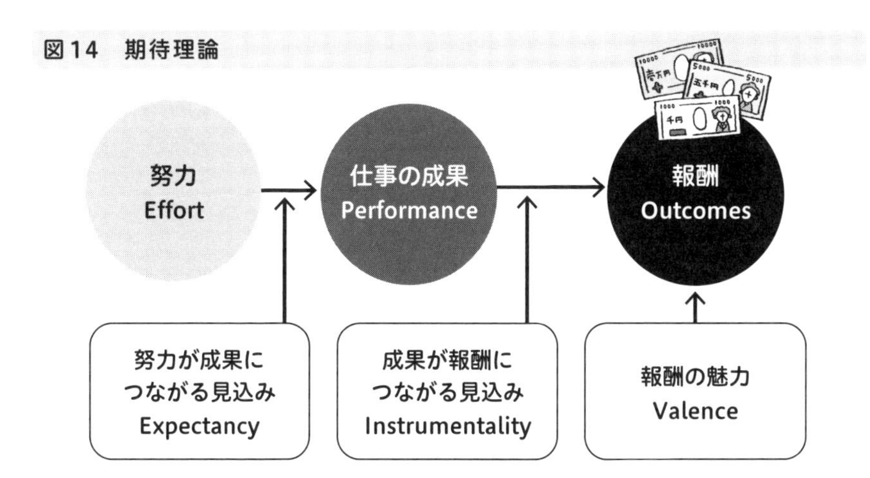

参照：以下の文献にもとづいて加筆・修正。
Jones, Gareth R. and Jennifer M. George, Essentials of Contemporary Management Sixth Edition, Irwin Professional Pub, 2014

「成果が報酬につながらないのではないか」という職場や上司への不信感が原因ということもあります。

得られる報酬が、自分の望むものではないということもあるでしょう。

マクレランド（David McClelland）は、人々が望む報酬（満たしたい欲求）として「達成欲求」（need for achievement）、「親和欲求」（need for affiliation）、「権力欲求」（need for power）の3つをあげました[112]。

達成欲求は「チャレンジしたい」「成功したい」「達成感を味わいたい」という欲求です。親和欲求は「仲よくしたい」「好かれたい」「楽しくやりたい」という欲求です。権力欲求は、「影響力をもちたい」「高い地位につきたい」「支配したい」という欲求です。

112　Jones, Gareth R. and Jennifer M. George, Essentials of Contemporary Management Sixth Edition, Irwin Professional Pub, 2014, p.307；デイビッド・C・マクレランド著、梅津祐良・薗部明史・横山哲夫訳『モチベーション』（生産性出版、2005年）

Lesson 7-3 どうしたらやる気が出る？

作業興奮

どうも気が乗らないというときに、「やる気」を出す方法はあるのでしょうか。

脳研究者の池谷裕二先生は、次のように書いています。

どうやってモチベーションを維持するか。一つは、「外発的動機付け」です。つまり、ご褒美によってモチベーションを高める方法です。外発的動機付けという名前のとおり、脳の内側から動機を与えるのでなく、外から与えるというわけです。環境主導型の考えです。

もう一つは、体を実際に動かしてみることです。やる気がなくてもまず始めてみる。年賀状を書く気になれなくても、まずは机に座って書き始めてみる。そうすることで、脳がしだいに活性化し、やる気が出て、のめり込んでいくことがあります。これを「作業興奮」といいます。興奮とは、「脳の神経細胞が活性化する」という意味です。

私は、本当は、朝が弱いのです。布団から出ないでもっと寝ていたい、とくに冬は温かい布団の中が気持ちよくて、起き上がりたくないと、強く葛藤します。でも、「作業興奮」という脳の現象を知ってからは、すぐに動き出すようにしています。脳が目覚める目覚めないではなく、まず体を起こして、歯を磨いたり、カーテンをあけたり、顔を洗ったりして、体を動かすことによって、それに引きずられる形で脳が目覚めるのです。布団の中にいたらいつまでも脳は覚めません。[113]

朝起きると「なんだか体も気分も重い」「今日は調子が悪そうだ」ということがあります。風邪などで本当に体調が悪いこともありますが、とにかく何かを始めてみると、だんだんと調子が上がってくることもあります。

最悪の気分でランニングを始めてみると、走っているうちに快調になってきて、気持ちも晴れやかになったという経験はないでしょうか。

仕事へ行きたくなかった日、仕方なく出勤して仕事をしているうちに、調子が出てきて夕方には元気になっていたということはないでしょうか。

「やる気」が出てからやろうと思っていると、いつまでも「やる気」は出ません。「やる気」があるから始めるのではなく、始めるから「やる気」が出てくるのです。

「案ずるより産むが易し」（あれこれ思い悩むより、やってみると意外と簡単に終わる）といいます。やらなければならないことは、とにかく始めるしかないのです。

レポートや企画書にとりかかる気がしないときには、①机の前に座る、②パソコンを起動する、③やりかけのファイルを開く、④それを眺める、というように、簡単にできることから少しずつ仕事に近づくという方法があります。

そのうちにちょっとしたアイデアが閃いて書き始めることができれば、あとは自然と「やる気」が出てきます。一定の確率でうまくいくので、できるだけ多くの回数、そうしたアプローチを繰り返せばいいのです。

113 池谷裕二著『脳はなにかと言い訳する 人は幸せになるようにできていた!?』（新潮社、2010年）、pp.68-69

Lesson 7-4 仕事の心理は男女で違う？

インポスター症候群、成功への恐怖、女王蜂症候群

多くの人間心理には、男女で平均的な違いがあることが知られています。これはあくまでも平均的な違いで、個人差が大きいということを忘れてはいけません。

たとえば身長なら、平均では男性の方が高身長ですが、男性の平均より背の高い女性もいれば、女性の平均より背の低い男性もいます。心理もそれと似ています。

発達心理学者のスーザン・ピンカー（Susan Pinker）は『なぜ女は昇進を拒むのか 進化心理学が解く性差のパラドクス』[114]という本で、モチベーションの男女差にかかわる研究を数多く紹介しています。

繁殖戦略（**1-9**）でお話ししたように、多くの動物では、オスはハイリスク・ハイリターンな行動をとる傾向があり、メスは慎重で安全確実な行動をとる傾向があります。

人間も、とくに若い男性では競争心が強く、私生活のバランスを崩して仕事に打ち込み、地位や名声を追い求める傾向があります。

女性は子どもや家族を優先して、お金や地位よりも、ワーク・ライフ・バランスのよい仕事を好む傾向があります。

インポスター症候群、成功への恐怖、女王蜂症候群

女性に多いといわれる「**インポスター症候群**」（impostor syndrome）という現象もあります。

「インポスター」というのは詐欺師のことで、「実力もないのに成功して、周囲の人たちを騙している」と感じたり、「いつかそれがバレるのではないか」という恐れを抱く症候群です。神経科学者のシーリグ（Tina Seelig）によれば、そういう感覚をもったことのある人は70％にもなるそうです[115]。

「**成功への恐怖**」（fear of success）という心理もあります。心理学者の岡本

直子先生は、次のようにまとめています。

本来ならば喜ばしいはずの成功も、それによって周囲からの嫉妬を受けることへの懸念、悪いイメージを持たれないかという思い、敗者に対する引け目、虚無感等、否定的な感情を伴うことがしばしばある。……Horner（1969, 1972）はこのような感情を成功恐怖（fear of success）と命名した。そして、「成功への懸命な努力は競争的、攻撃的であるとみなされるため、女性は成功を求める反面、それによって女らしさを失い社会的に拒絶されるのではないかという恐れを抱く。この懸念が葛藤と不安を呼び起こし、成功を望むと同時に成功を恐れる“両面価値”が生じる」という結論を出している。[116]

高い地位についた女性が後輩の女性の活躍を妨げる「**女王蜂症候群**」(queen bee syndrome）という現象もよく知られています。後進のために道を整えるのではなく、多数派の男性に同調して、新参の女性にはつらく当たるのです。男性社会で第1世代としてがんばってきた女性に多いといわれます[117]。

114 スーザン・ピンカー著、幾島幸子・古賀祥子訳『なぜ女は昇進を拒むのか 進化心理学が解く性差のパラドクス』(早川書房、2009年)。なお、原題は「The Sexual Paradox: Men, Women and the Real Gender Gap」です。

115 ティナ・シーリグ著、高遠裕子訳『スタンフォード大学 夢をかなえる集中講義』(CCCメディアハウス、2016年)、第2章

116 岡本直子「親密な他者の存在と成功恐怖の関係について」教育心理学研究、1999年、47巻, pp.199-208

117 イリス・ボネット著、池村千秋訳『WORK DESIGN（ワークデザイン）：行動経済学でジェンダー格差を克服する』(NTT出版、2018年)、p.282-283；日経ビジネス「「女王蜂」上司が女性部下を潰す不都合な真実」2018年3月6日、https://business.nikkei.com/atcl/opinion/15/200475/030500148/；WSJ「女王蜂症候群―後輩女性のキャリア支援せず妨害する女性上司」2013年3月6日、https://jp.wsj.com/articles/SB10001424127887323994204578343154153008558；現代ビジネス「深刻化する職場での「女同士のパワハラ」一体どうすれば？」2018年6月7日、https://gendai.ismedia.jp/articles/-/55892

Lesson 7-5

モチベーションは高すぎてもダメ？

モチベーションと成果

多くの人はなんとなく「モチベーションは高い方がよい」と思っているかもしれません。しかし、本当にそうでしょうか。

心理学者のマクレランド（David C. McClelland）は、「心理学者は、あまりに高揚したモチベーションは業績に悪影響をおよぼし得るということを証明している」と言います[118]。

「どうしてもうまくやらなければ」というモチベーションが強すぎると、緊張やストレス、焦り、疲労といった副作用が出て、それが成果にマイナスに働くことがあります。

たとえば、大切な試験や面接で、モチベーションが強すぎて（緊張しすぎて）普段どおりの力を発揮できず、失敗したという話をときどき聞きます。

好意を抱く異性や、重要人物、大勢の人などを前にすると、「失敗できない」という気持ちがプレッシャーになって、かえってうまくいかないということもあるでしょう。「やる気が空回りする」という表現がありますが、「やる気」が必ずしも成果に結びつかないケースもあるのです。

「平常心」といいますが、いつも変わらず淡々と、やるべきことをやるのが効率的なこともあります。熟練した職人は、無理せずゆっくり、しかしあまり休まずに、手際よく仕事をこなしていきます。「ウサギとカメ」ではありませんが、マラソンの選手はゆっくり走っているようで、長い距離では短距離ランナーよりも速く走ることができます。

やる気に意味はある？

そもそも「部下にやる気を起こさせることができるのか」「やる気に意味はあるのか」という議論もあります。

世界最大の半導体メーカー「インテル」のCEOだったグローブ（Andrew S. Grove）は、次のように言います。

マネジャーはどうやって部下にやる気を起こさせるか。一般的に、このことばには、何かを他人にさせるというような含みがある。だが、私にはそういうことができるとは思えない。モチベーションなるものは人間の内部から発するものだからである。したがって、マネジャーにできることは、もともと動機づけのある人が活躍できる環境をつくることだけとなる。

より良いモチベーションというのはとりも直さず業績が良くなることであって態度や気持ちの変化ではないのであり、部下が「自分はやる気が起きた」などということにはなんの意味もない。大切なのは、環境が変わったために〝業績(遂行行動)〟が良くなるか悪くなるかである。[119]

グローブが言うように、モチベーションは成果をあげるための手段であって、目的ではありません。重要なのは成果です。

高すぎるモチベーションから生まれるプレッシャー、ストレス、疲労といったものは費用です。費用対効果（生産性）の観点からいえば、効果が同じなら、費用は小さい方がよいといえます。

仕事の内容によりますが、モチベーションは必要最小限あれば十分で、あとは仕事の経験や能力が成果を左右するということも多いでしょう。

118 デイビッド・C・マクレランド著、梅津祐良・薗部明史・横山哲夫訳『モチベーション』（生産性出版、2005年）、p.95

119 アンドリュー・S・グローブ著、小林薫訳『HIGH OUTPUT MANAGEMENT 人を育て、成果を最大にするマネジメント』（日経BP、2017年）、p.234

Lesson 7-6 「叱る」と「褒める」、どっちがいい？

星野社長の信念、平均への回帰

あるテレビ番組で「星野リゾート」の星野佳路社長について、次のようなエピソードが紹介されていました[120]。

星野さんは大学時代、アイスホッケーに打ち込みました。中学時代から選手として活躍していた星野さんは、チームを強くしようと意気込みました。率先してハードな練習をこなし、他の部員にもそれを厳しく求めました。しかし、チームには経験者が少なく、なかなかついてこられませんでした。

試合でミスが出ると「真剣さが足りない」と叱り飛ばしました。練習量の少ない部員には、わざと体あたりをして、体の弱さを思い知らせました。しかし、チームは一向に強くなりません。それどころか、雰囲気は悪くなる一方でした。

ある日、星野さんは監督に呼び出されます。日頃から「チームの雰囲気を壊すな」と言われていた星野さんは、また注意されるのだろうと身構えました。監督は「お前が考える7割でよしとして、褒めてやれ」と言いました。

星野さんはちょっとした反発を覚えました。しかし、体育会の世界で監督の指示は絶対で、しぶしぶそれを実践しました。シュートを外す選手にはいつも怒っていましたが、ぐっと堪えて、一度でも入れば褒めてみました。声の出ない部員が少し声を出しただけで「いいぞ！」と励ましました。

すると半年後、チームの様子が変わり始めました。みんなやる気になり、きつい練習に進んで取り組む部員が増えました。チームの成績はどんどん上向いて、４年生のときには、とうとう所属するリーグで優勝を果たしました。

部員の変わりように最も驚いたのは、星野さん自身でした。その後、経営者として会社を率いることになった星野さんは、リーダーとして最も大切なことを、あのときの監督の言葉が教えてくれたと思っているそうです。

1-3でお話ししましたが、人間を含む動物には、報酬を求め、罰を避けるというシンプルな習性があります。叱られ続けると嫌になって、職場や上司までも避けるようになってしまいます。

上司は改善させるつもりで叱っても、部下は不満やストレスが溜まって、仕事から逃避するかもしれません。褒められるとうれしくなって、その活動をもっとやりたくなります。

平均への回帰

「**平均への回帰**」(regression to the mean) という現象があります。

たとえば、野球のコーチが毎日、同じ選手にノックをするとします。

ある日、この選手はたまたま絶好調で、ファインプレーを連発します。コーチは「いいぞ！」と褒めます。

絶好調はそう何日も続きませんから、次の日はだいたいいつもどおりの調子にもどります。するとコーチは「なんだ、昨日はよかったのに、褒めたらダメになったな」と言います。

翌日はたまたま絶不調で、エラーを連発します。コーチは「何やってるんだ、気が緩んでるぞ！」と怒鳴ります。

絶不調もそう長くは続かないので、次の日はそこそこふつうの調子にもどります。するとコーチは「今日はよくなったな、昨日あれだけ怒鳴ったおかげかな」と言います。

このように、調子がランダム(偶然)に変動するときは「好調のあとは調子が悪くなり、不調のあとは調子がよくなる」という確率的な傾向が生まれます。

これは指導者にとっては「褒めると調子が悪くなり、叱ると調子がよくなる」と感じられるので、つい「叱る指導の方が効果的だ」と錯覚しがちです。

心理学の実験では、動物でも人間でも、褒める方が学習には効果的だとわかっています[121]。

120 NHK「プロフェッショナル」2012年2月6日放送、https://www.nhk.or.jp/professional/2012/0206/index.html

121 ダニエル・カーネマン著、村井章子訳『ファスト＆スロー(上) あなたの意思はどのように決まるか？』(早川書房、2014年)、第17章

Lesson 7-7

評価のしくみが行動を変える？

減点主義と加点主義

インセンティブ・システムの考え方に、「減点主義」と「加点主義」というものがあります。

減点主義は、何か失敗をするたびに、当初の持ち点から点数を引いていく評価方法です。何もしなければ持ち点は減りませんが、下手にチャレンジをして失敗すれば点数が減ってしまいます。これは無難で安全確実な行動を導くインセンティブになるでしょう。

加点主義は、最初は0点で、何か成果をあげるたびに点数を加算していきます。何もしなければずっと0点のままですから、積極的にやるべきことを探してチャレンジするインセンティブになるでしょう。

人事管理を専門とする今野浩一郎先生らは、次のように書いています[122]。

近年、評価基準の設定に関連して加点主義の考え方が強調されている。これまでは「仕事で失敗すること」を厳しく評価し、それでもって昇進競争から落ちる社員を決める減点主義の考え方が強かった。しかし、それでは社員のなかに「失敗をせずに無難に働こう」という姿勢が生まれるし、厳しい経営環境を勝ち抜くために挑戦的で革新的な組織を作りたいという企業の意図に合った人材を得ることができない。そこで、「失敗を恐れず、革新的なことに果敢に挑戦する社員」を積極的に評価する制度を作ることが必要であるという加点主義の考え方が、強調されているのである。

また、グロービス経営大学院の堀義人学長らは、次のように書いています[123]。

新規事業を得意としない大企業にしばしば見られる人事制度の特徴は、どうすれば個人のやる気が起きるかという視点が欠けていることである。典型的なのは、いわゆる減点主義の人事考課だ。成功することのほうが少ない新事業において減点主義が行き過ぎると、安定感は増すものの保守主義に陥りかねず、

新事業に必要な進取の気性を損ねるおそれもある。

その逆に、リクルートや3Mなど、新事業開発や新商品開発で知られている企業では、ある程度の失敗が起きることを前提としながらも、人事制度が挑戦を後押しする格好となっている。3Mの15%ルール（勤務時間の15%は自分の好きな研究に当ててよい）や社内表彰制度はよく知られているところである。ただし、加点主義を取り入れればチャレンジングな行動を促すことにはなるが、行き過ぎればリスキーにもなることを忘れてはならない。

減点主義と加点主義にはそれぞれ長所と短所があるので、仕事の内容に応じて使い分けるべきでしょう。

消防や救急など、ちょっとしたミスが重大事故につながったり、人命にかかわるような仕事では、気軽に試行錯誤をするわけにはいきません。マニュアルを愚直に守ったり、安全が確認された手順をひたすら繰り返すといった保守的な行動パターンが求められます。そうした分野では、減点主義のマネジメントも必要になるでしょう。

大手のお菓子メーカーでは、年間で300～400くらいの新商品を出します。毎日ひとつ新商品を開発するようなペースです。そのうち、翌年まで残る商品はたった数種類だそうです[124]。消費者は気まぐれで、何がヒットするかはプロでもなかなか予想できません。そうした業界では、失敗を恐れずアイデアをどんどん形にしていく必要があるので、加点主義との相性がよいでしょう。

---

122 今野浩一郎、佐藤博樹著『人事管理入門 第3版』（日本経済新聞出版、2020年）、第7章3（1）

123 堀義人監修、グロービス経営大学院編著『グロービスMBA 事業開発マネジメント』（ダイヤモンド社、2010年）、第3章3

124 TBS「がっちりマンデー！！」2009年9月13日放送（情報は放送当時のものです）、https://www.tbs.co.jp/gacchiri/archives/2009/0913.html

Lesson 7-8

どんな野球チームが強い？

個人インセンティブと集団インセンティブ

いろいろな商品のあいだに補完性や代替性があったり（**3-7**）、いろいろな事業のあいだで相乗効果が働く（**4-2**）という話をしましたが、組織メンバーのあいだにもそうした関係があります。

「一緒に働くことでお互いの価値を高め合う」（補完性）ということもあり、「どちらかがいれば、もうひとりは必要ない」（代替性）ということもあります。メンバーの相性を見ながら、チーム全体として力を発揮する組み合わせや配置を考えるのは、リーダーの大切な役割でしょう。

さて、みなさんが強い野球チームをつくりたいとしたら、どんなメンバーを集めて、どんな打順やポジションに配置するでしょうか。

４番バッターのような強打者ばかりを集めればよいでしょうか。しかし、プロでもあまりそういうチームは見かけません。

何ごとにもトレード・オフ（**1-4**）というものがあります。長距離打者は、体が大きかったり、筋肉量が多く、体重は重い傾向があるでしょう。そうすると、俊敏性や機動力には欠けるかもしれません。逆に、俊足だったり、守備を器用にこなす選手は、長打力に乏しいかもしれません。

実際問題として、強打者ばかりを集めてくるのは難しいでしょう。さまざまな特徴や個性をもつメンバーを、どう組み合わせればチームが強くなるかを考えて、打順や守備の配置を工夫するのが監督（リーダー）の仕事でしょう。

たとえば、１、２番のバッターがいい仕事をして、２塁や３塁にランナーがいれば、３番バッターの打点成績もよくなります。あるメンバーの仕事ぶりが、他のメンバーの成果に影響するという外部効果（**2-4**）があるわけです。メンバーのあいだに外部費用はできるだけ発生させず、外部便益をうまく活用できるように、配置やインセンティブを考えなければなりません。

集団インセンティブ

チーム全体への貢献を引き出す方法として「**集団インセンティブ**」(group incentive) というものがあります。

たとえば「打点をあげた人にはボーナス○○円」といった「**個人インセンティブ**」(individual incentive) を与えると、打者はみんな長打を狙ってバットを振り回し、チームの成績はかえって悪くなるかもしれません。間違ったインセンティブを与えると、ひとりよがりの身勝手な行動をまねくことがあります。

メンバーの行動が複雑に絡み合い、個々の貢献を評価しにくい仕事では、「チームが勝ったら全員にボーナス○○円」というように、全体の成果に対して一律の報酬(集団インセンティブ)を与える方がうまくいくことがあります。そうすることで、メンバーはスタンドプレーをやめて、チームの勝利のために協力するようになります。

集団インセンティブには、他人の努力に「ただ乗り」して自分はサボり、報酬だけもらおうとする「フリー・ライダー」(free rider) が現れるという問題があります。この問題は人数が増えるほど深刻になります。2人でお神輿をかついでサボればすぐにバレて怒られますが、10人、100人と人数が増えるほど、こっそりと手を抜きやすくなります。

しかし、仲間うちの「評判」(reputation) や、裏切りに対する「制裁」(sanction) の可能性が、ある程度はフリー・ライダーを抑えるでしょう。

一方で、タクシーやセールスの売上のように、個人の努力や能力、貢献を表すわかりやすい指標があるときには、それに応じた個人インセンティブを与えることで高いモチベーションを引き出せる場合もあります。

ただし、ゼロ・サム・ゲーム(2-6)のような状況で個人インセンティブを与えると、メンバーどうしが足を引っぱり合い、職場の雰囲気や人間関係が悪くなることもあります。

Lesson 7-9 違いはどこにある？

マネジャーとリーダー

この本では主に「リーダー」という言葉をつかっていますが、管理職を「マネジャー」と呼ぶこともあります。この2つは、かなり違ったニュアンスでつかわれることもあります。

経営学者の金井壽宏先生は、マネジャーとリーダーの違いを**図15**のようにまとめています。

「日本のミドルマネジャーたちの生の声を元に整理」[125]したものだけに、具体的で実践的な内容です。

みなさんも、これまでに出会った先生や先輩や上司を思い浮かべれば、「マネジャー」タイプと「リーダー」タイプに分けることができるのではないでしょうか。

平時に、決まったことを効率的に遂行するのがマネジャーでしょう。

変化や危機に際して、先の見えない状況で創造的に考え、決断し、仲間の心を動かし、ひとつの方向へ導くのがリーダーでしょう。

優れた管理職は、平時はマネジャーの役割を果たし、ここぞというときには強いリーダーシップを発揮するというように、状況に応じていろいろな引き出しをもっているのかもしれません。

125 金井壽宏・田柳恵美子『踊る大捜査線に学ぶ組織論入門』（かんき出版、2005年）、p.220

図15　マネジャーとリーダーの違い

できるマネジャー	すごいリーダー
・理性、データ、分析（左脳）	・感性、感情、直観（右脳）
・クールでテクノクラート風 ・冷静さ、客観性を重視し、計数管理がうまくできる	・熱くビジョンを語る ・強烈な価値観をもっていて、それを押し通す、カリスマ
・システムを使う ・論理学やルールを重んじる ・ルールを遵守する	・人間くささ、人間的魅力で人を引っ張る ・人間学や人間的愛情を重んじる ・自分のフィロソフィーを守る
・誰がやってもうまくできる仕組みをつくって、他の人（後継者）が効率よく仕事をやっていけるようにする	・この人についていきたいと思わせるもって生まれた人間性が鍵なので、余人をもって代えがたい
・バランス感覚にすぐれている ・しかし、どこか特別に際立っているところが必ずしもあるわけではない ・でも、抜けがなく安定力がある ・平均以上にすべてがよくできる	・大きな絵やビジョンを考え、それを追い求める ・バランスがあるというよりは、時に偏っているくらい特徴のある発想をもつ ・しかし、多少とも抜けがあり、はらはらさせる ・でも、その絵やビジョンがはずれではなく、人に熱くアピールするときには、周りもついつい応援してしまう
・危機的状況を予防したり回避したりする ・必然性の世界に生きる	・危機的状況で迫力を出す ・偶発的な世界に対処できる
・何かを守る ・すでにある枠組みを大いに利用する	・何かを壊す、変化させる ・枠組みを創り出すか壊す
・調和、配慮 ・人の割り振りを行う	・攻撃的で妥協しない ・自分でぐいぐい前進する

参照：金井壽宏「リーダーとマネージャー　―リーダーシップの持論（素朴理論）と規範の探求」『国民経済雑誌』第177巻第4号、1998年、p.69

Lesson 7-10

優れたリーダーとはどんな人？

PM理論

リーダーシップの有名な考え方に、**図16**に示した「**PM理論**」（PM theory of leadership）があります[126]。

PM理論のPはPerformanceです。「目標を達成できるか」「結果を出せるか」「業績をあげられるか」といったことです。

MはMaintenanceです。「集団をよい状態に維持できるか」「雰囲気や人間関係に配慮できるか」「信頼関係や満足感を保てるか」といったことです。

「PM」型のリーダーは、仕事の成果も高く、職場の雰囲気も維持できる理想的なリーダーです。

「Pm」型はクラッシャー上司（**1-13**）を彷彿とさせます。厳しく指導して短期では高い成果をあげますが、部下の疲弊や不満が高じて職場は壊れていきます。部下が心身を壊したり、辞めてしまいますから、長期的にはよい成果をあげられないでしょう。

「pM」型は優しく人柄はいいけれど、ちょっと頼りないというタイプでしょうか。職場の雰囲気は維持しますが、仕事の成果はいまひとつです。

「pm」型は「目標の達成」も「集団の維持」もできないタイプで、残念ながらリーダーとしては力不足なのでしょう。

図16 PM理論

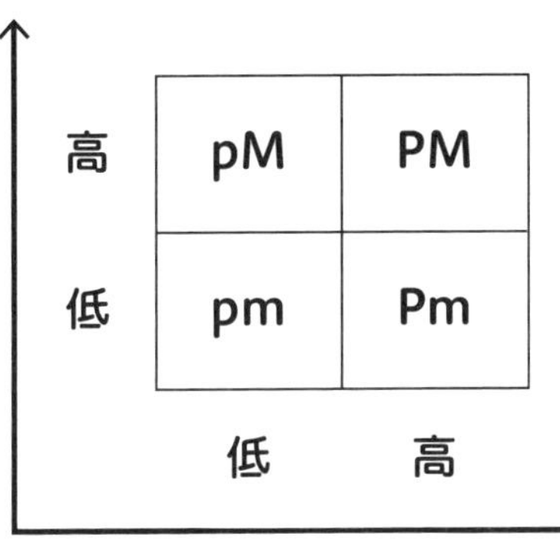

理想のPM型リーダーになるには、やはり費用対効果を踏まえたマネジメントが大切でしょう。

成果につながることはきっちりやらせるけれども、無駄な時間や努力は要求しない。効率的な仕事のやり方を指導して、心のゆとりや健康を保ちつつ、成果をあげていく。

そういう生産的なリーダーが望ましいのではないでしょうか。

126 Misumi, Jyuji, "The Development in Japan of the Performance-Maintenance (PM) Theory of Leadership," Journal of Social Issues, 51-1, 1995, pp.213-228.

Lesson 7-11

選挙では背の高い方が勝つ？

権威とハロー効果

バーナードはリーダーの「**権威**」（authority）について、面白い説明をしています。

「リーダーが部下に命令して、部下がそれをきちんと実行したら、リーダーには権威がある。もし部下が言うことを聞かないなら、リーダーには権威がない。権威があるかどうかを決めるのは、リーダーではなく部下の方だ」というものです[127]。リーダーの権威は「部下に頼んだことを一生懸命やってもらえる力」ということになります。

「面従腹背」という言葉があります。「リーダーの面前では従うふりをするが、腹の中では背（そむ）く」ということです。「サボる」という言葉もありますが、上司に言われたことを「はい、わかりました」と適当に返事だけしておいて、実際にはやらずに放っておく、手を抜いてお茶を濁す、ということもあるでしょう。そうした権威の欠如はとてもよくみられると、バーナードは言います。

権威をもつのはどんなリーダーでしょうか。バーナードは、権威を２種類に分けています。

ひとつは「地位の権威」（authority of position）です。これは社会学者のウェーバー（Max Weber）が「合理的（法的）権威」（rational（legal）authority）と呼んだものに似ています[128]。たとえば「課長の指示だから従う」というように、「従うルールになっているから従う」「従わないと罰せられるから従う」というものです。リーダー個人というよりも、職務上の地位から生まれる権威です。

もうひとつは「リーダーシップの権威」（authority of leadership）です。これは優れた知識や能力への尊敬から生まれる権威です。ウェーバーは、特別な人格や資質にともなう権威を「カリスマの権威」（charismatic authority）と呼びました。

ハロー効果、ステレオタイプ、代表性ヒューリスティック

「背の高さ」のような生まれつきの要因が、リーダーのカリスマ性につながることもあります。社会心理学者のブレイカー（Nancy M. Blaker）らは、次のように書いています。

いろいろな研究から、ステータスやリーダーシップの指標は、背の高さとプラスに関係することがわかっている。高身長は、収入（Judge & Cable, 2004）、職場での権威（Gawley, Perks, & Curtis, 2009）、軍隊での階級（Masur, Masur, & Keating, 1984）とプラスに相関している。さらに、管理職は平均的に、非管理職よりも背が高く（Egolf & Corder, 1991）、アメリカの科学分野の教授は一般の人々よりも背が高く（Hensley, 1993）、アメリカの大統領選挙の結果は、候補者の身長からとくによく予測される。背の高い方の候補が大統領になる確率は2倍になる（McCann, 2001）。

……進化心理学の観点から、背の高い個人はより優位で、健康的で、知的だと感じられ、リーダーにふさわしく見られるだろう。健康な堂々たる身体は、リーダーにかなりの肉体的なリスクがあった祖先の人間環境では（おそらく、とくに男性にとって）間違いなく重要なリーダーシップの資質だった。[129]

多くの人は、身長のような目立つ特徴から、それ以外の性質を無意識のうちに類推します。これを社会心理学では「ハロー効果」（halo effect）といいます。顕著な特徴から連想される「ステレオタイプ」（stereotype、典型的なイメージ）を、他の側面にも当てはめてしまうのです。行動経済学ではこれを「代表性ヒューリスティック」（representativeness heuristic）と呼びます。

127 チェスター I. バーナード著、山本安次郎・田杉競・飯野春樹訳『新訳 経営者の役割』（ダイヤモンド社、1968年）、p.171

128 ウェーバーの「合法的」権威や「カリスマ的」権威について、日本語で読めるものとしては次の本が入手しやすいでしょう。マックス・ウェーバー著、濱嶋朗訳『権力と支配』（講談社、2012年）

129 Blaker, Nancy M., Irene Rompa, Inge H. Dessing, Anne F. Vriend, Channah Herschberg and Mark van Vugt, "The height leadership advantage in men and women: Testing evolutionary psychology predictions about the perceptions of tall leaders," Group Processes & Intergroup Relations, 16-1, 2013, pp.17-27, p.17.

Lesson 7-12 権威はどこから生まれる?

地位、能力、人間力

バーナードは、地位が高くても能力のないリーダーの権威は弱いと言います。強い権威をもつには、地位とリーダーシップを兼ね備える必要があるのでしょう。

簡単にいうと、リーダーの権威の源には3つの種類があります。①地位、②能力、③人間力です[130]。

地位の権威には、組織ヒエラルキーの中でリーダーが占める地位による「**地位のパワー**」(legitimate power)、報酬を与える権限による「**報酬のパワー**」(reward power)、罰を与える権限による「**罰のパワー**」(coercive power) などが関係します。

たとえ地位がなくても「あの先輩は優れた能力を発揮して、いつも活躍している」「だからあの先輩のアドバイスを実行すれば、自分も同じようになれるかもしれない」というように、能力に対する尊敬や信頼が権威につながることもあります。これを「**能力のパワー**」(expert power) といいます。

「あの先輩は話が面白くて、楽しい気分にしてくれる」「自分のことを気にかけて、いつも話を聞いてくれる」「人がやりたがらない仕事を黙々とやっている」「だからあの先輩に言われたことは一生懸命やろう」というように、人間性に対する尊敬や信頼が権威につながることもあるでしょう。これを「**人間力のパワー**」(referent power) といいます。

部下の育成と権限移譲

なぜリーダーに権威が必要かというと、リーダーの役割は他人に仕事をしてもらうことだからです。自分で仕事をするのではなく、部下たちを通じて大きな仕事をするのがリーダーです。

太平洋戦争で連合艦隊の司令長官をつとめた山本五十六は、次のように言ったと伝えられます。

やってみせ　言って聞かせて　させてみせ　ほめてやらねば　人は動かじ
話し合い　耳を傾け　承認し　任せてやらねば　人は育たず
やっている　姿を感謝で見守って　信頼せねば　人は実らず

部下を育てて仕事をまかせるのは、口で言うと簡単ですが、実際にはなかなか大変です。仕事を教えるのは、自分でやってしまうよりも、ずっと時間がかかります。部下が失敗をして、その尻拭いまでするはめになるかもしれません。

しかし、どんなに優れたリーダーでも、自分で仕事をやるかぎり、１人分の仕事しかできません。自分の分身たちを育て、彼らに仕事をまかせることで、１人ではとてもできないような大仕事を成し遂げるのがリーダーです。

マネジメントには「ヒエラルキー型」と「ネットワーク型」という2つのタイプがあります。
ヒエラルキー型のリーダーシップは、多くの重要な決定を上司が行い、部下はそれに従うというものです。いわば「黙って言われたとおりにしろ」というスタイルです。
これに対してネットワーク型では「権限移譲」(delegation)をして、多くの重要な決定を部下にまかせます。いわば「自分で考えろ」「好きなようにやれ」というスタイルです。
第８章で説明しますが、近年はさまざまな理由で、ネットワーク型のマネジメントが増えています。部下を育て、仕事をまかせることが、ますます重要になっているのです。

130 Jones, Gareth R. and Jennifer M. George, Essentials of Contemporary Management Sixth Edition, Irwin Professional Pub, 2014, pp.332-335.

● column 7 ●

がんばっても報われないと燃え尽きる？

学習された無力感

「**学習された無力感**」（learned helplessness）と呼ばれる心理現象があります。経営学者の金井壽宏先生らは、次のようにまとめています。私も含め、ビジネス・パーソンにとっては、身につまされる話ではないでしょうか。

長期間一生懸命頑張ったのに、それがまったく報われない場合に、燃え尽きてあきらめの境地に達してしまうことを、心理学者のM・セリグマン（Martin Seligman）は「学習された無力感（learned helplessness)」（もしくは「学習性無力感」）と呼んだ。

セリグマンは、イヌに電気ショックを与える実験の中で、電気ショックを与えても逃げないイヌを発見する。電気ショックから逃げようとしても逃げようのない経験を何度も何度も繰り返すと、ひたすら動かずに耐えているうちに、そのイヌはあるところで無気力になってしまう。

……人間の場合も、いい加減でなく、まじめに抑圧に負けまいと一生懸命頑張るタイプの人ならば、頑張れば頑張るほど、逆境が重なるほど、「いくら抵抗しても、自分の力ではどうにもならないんだ」という無力感を（生まれつきでなく、結果として）学習してしまうということがわかった。つまり哀しいかな、逆に頑張りすぎずに適当なところで逃げていたほうが、無力にもならず、ちゃっかりサバイバルできるということなのである。

下世話に言ってしまえば、係長、課長、部長……と上がっていったときに、「自分はここで上がりかな」と、昇進の限界を感じたところで、「さて、どうするか」ということでもある。……

東京大学の臨床心理学者・倉光修氏は、無力感に陥りがちのミドルに、「中年よ、少志を抱け」とアドバイスしたものだ。[131]

131　金井壽宏・田柳恵美子『踊る大捜査線に学ぶ組織論入門』（かんき出版、2005年）、pp.118-119

第8章

DX時代の組織のカタチを考える「ヒエラルキー」と「ネットワーク」

第8章では、まず近代的な大組織の歴史を振り返ります。

そして、巨大な組織をマネジメントする手法として編み出された「官僚制」（ヒエラルキー）について説明します。

「訓練された無能」「セクショナリズム」といった、官僚制の弊害についても考えます。

次に、DX（情報革命）で環境の変化が速くなるとともに台頭した「ネットワーク型」のマネジメントについて学びます。

Lesson **8-1**

大組織の経営に必要なものは？

近代経営の歴史

これまでに紹介した実例もそうですが、私たちの日常生活で身近な組織の多くは大企業です。

たとえば、食事をする「ガスト」「スシロー」「サイゼリヤ」、服を買う「ユニクロ」、靴を買う「ABCマート」、日用品を買う「ダイソー」「ニトリ」などです。

その陰では多くの中小企業が社会を支えていることも忘れてはいけませんが、ここでは大組織の歴史を考えてみましょう。

何千年も前から軍隊を動かし、ピラミッドを築いた古代エジプトのような例もありますが、近代的な大組織が誕生したのは、それほど昔のことではありません。

ネットワーク技術と組織

地理的にも広範囲にわたる大組織が出現するには、ネットワーク技術が必要でした。ネットワークというと、情報ネットワークを思い浮かべる方が多いでしょう。しかし大組織を運営するうえでは、物理的な輸送ネットワークも重要です。

たとえば、北海道で生産した乳製品を全国で販売する会社があるとします。本社は東京です。この会社を運営するには、東京からの指示を北海道や全国の販売拠点へ伝える情報ネットワークが必要です。それと同時に、各地の社員が東京本社での会議に出席したり、生産地から販売地へ商品を運ぶための輸送ネットワークも必要になります。

最初の近代的な情報ネットワークは電信（telegraph）でした。モールス（Samuel F. B. Morse）の電信が有名ですが、これはキーを押して電極を接触させると電気が流れ、離せば止まるというしくみでした。キーを叩くことによる電気の断続のパターンで、アルファベットのような情報を表現したのです。

1844年には、モールスの電信がアメリカ（ワシントン－ボルチモア間）で実用化されました。1851年には、英仏をつなぐ海底ケーブルが敷設されました。1876年には、ベル（Alexander G. Bell）が電話を発明しました。

初期の電信は有線で、電線を引き回す必要がありましたが、やがて電波で信号を送れるようになりました。1901年にはマルコーニ（Guglielmo Marconi）が、イギリス－カナダ間の無線通信に成功しました（この功績などによって、彼はノーベル物理学賞を授与されました）。

こうした情報技術の重要性について、バーナードは「コミュニケーション技術は、組織の形と内部経済を決定する……組織の構造、大きさ、範囲は、そのほとんどがコミュニケーション技術だけで決まる」と書いています[132]。

初期の近代的な輸送ネットワークを担ったのは、鉄道（蒸気機関車）や蒸気船でした。これらによって以前の馬や帆船よりも速く安定的に、ヒトやモノを輸送できるようになりました。

鉄道会社そのものが、初期の大企業のひとつでした。鉄道を運営するには、列車よりも速い連絡手段が必要です。たとえば「橋が崩れたので列車を止めなければ」というときに、馬で列車を追いかけたのでは間に合いません。電信という高速の通信手段ができて初めて、鉄道の経営が可能になったのです。

鉄道や電信といった、大組織を運営するためのインフラ（infrastructure、社会基盤）が整ったのは、1850～80年ごろです[133]。それからまだ200年も経っていないのです。

ネットワーク技術を活用して近代的な軍隊を創設したのは、プロイセンの参謀総長だったモルトケ（Helmuth von Moltke）でした。彼は1866年の普墺戦争で、鉄道と電信を駆使して勝利しました。[134]

132 引用部分は、以下の原著から私が翻訳しました。翻訳書も紹介しておきます。Barnard, Chester I., The Functions of the Executive, Harvard University Press, 1938, pp.90-91；チェスター I. バーナード著、山本安次郎・田杉競・飯野春樹訳『新訳 経営者の役割』（ダイヤモンド社、1968年）

133 アルフレッド・D・チャンドラー著、鳥羽欽一郎・小林袈裟治訳『経営者の時代 アメリカ産業における近代企業の成立』（東洋経済新報社、1979年）

134 水越伸編『NHKスペシャル「変革の世紀」（Ⅰ）市民・組織・英知』（日本放送出版協会、2002年）、pp.112-113

Lesson **8-2**

マニュアルで教育するとバカの大量生産になる?

官僚制と訓練された無能

こうして1850年ごろから、近代的な大組織が出現しました。そこで問題になったのは、初めて直面する巨大組織の経営方法です。初期の経営者たちは試行錯誤をしながら、大組織のマネジメント手法を編み出しました。

そうした運営システムを、ウェーバーは「**官僚制**」(bureaucracy) と呼びました。

官僚制の特徴は、①規則による規律(個人の主観ではなく規則にしたがう)、②明確な権限(仕事の範囲や権限が規則で決まる)、③ヒエラルキー(ピラミッド型の組織)、④公私の分離(仕事とプライベートの区別)、⑤文書主義(文書への記録と保存)といったものです[135]。

現在でも、官公庁や大企業の多くには官僚制の特徴がみられます。それだけ普遍的で、大組織のマネジメントには欠かせない優れたシステムともいえるでしょう。

しかし、**1-14**でもお話ししましたが、近年は官僚制の副作用もよく指摘されるようになり、「**官僚制の弊害**」(dysfunctions of bureaucracy) と呼ばれます。「**官僚制の逆機能**」とも翻訳されます。民間企業でも「**大企業病**」といわれることがあります。

▌訓練された無能

マートンは官僚制の弊害[136]のひとつに「**訓練された無能**」(trained incapacity) をあげました。これは「訓練によって身についた習慣のために、ふつうなら考えられないような愚行をおかす」ことをいいます。

たとえば「ユニクロ」の急成長の背景には、短期間で店員を育てるマニュアルがありました。しかし、ユニクロ創設者の柳井正さんは、あるテレビ番組で次のようなエピソードを紹介しています。

雨が降った日に、お母さんと小さい子どもさんが来られて「子どもが病気な

ので電話を貸してください」と言われたんですよ。マニュアルには「電話はお貸ししないように」ということだったんです。それで販売員は断ったんですよ。でもそれはおかしいよね。あ、これはダメだな、と。マニュアルだけで教育すると、バカの大量生産になるんじゃないかな、と思ったんですよ。

マニュアルっていうのはものすごく大事なんですよ。でもそれは全部じゃないっていうことですよ。そういったことよりも、自分がその場で自分の良識とか常識で考えて、判断して、サービスするっていうことの方がもっと大事っていうことなんですよ。[137]

店員は「マニュアルどおりにきちんとやる」訓練をして、内容を頭に叩き込んだのでしょう。しかし、それにとらわれて思考停止になり、臨機応変な対応ができなかったのです。

☑ 訓練の傷跡

米国では警察官が銃撃戦の最中に、ときとして使用ずみの薬莢（やっきょう）をポケットにしまうという余計な動作をするそうです。訓練のときに身についた習慣ですが、これをうっかり実戦中にやってしまい、そのあいだに撃たれる警察官もいるそうです。この現象は**「訓練の傷跡」**（training scar）と呼ばれています[138]。

警察官が襲撃者から銃を奪い取ったのに、次の瞬間、襲撃者に銃を返してしまったことさえあるそうです。訓練では、犯罪者に扮した教官から銃を奪い、それを教官に返すという動作を繰り返していました。とっさにその癖が出てしまったというのです。

Check!

135 風間規男編・岡本三彦・中沼丈晃・上崎哉著『行政学の基礎』（一藝社、2007年）、p.93

136 Merton, Robert K., Social Theory and Social Structure, Free Press, 1968, pp.251-254；ロバート・マートン著、森東吾・森好夫・金沢実・中島竜太郎共訳『社会理論と社会構造』（みすず書房、1961年）、pp.181-183

137 テレビ東京「ガイアの夜明け」2004年5月18日放送、「商いを磨く！ 変貌するユニクロ ～店長630人の自立を目指して～」、https://www.tv-tokyo.co.jp/gaia/backnumber/preview0518.html

138 ブライアン・クリスチャン＆トム・グリフィス著、田沢恭子訳『アルゴリズム思考術 問題解決の最強ツール』（早川書房、2017年）、7、「オーバーフィッティングはいたるところに」

Lesson 8-3

何のためか誰も知らない？

手段の目的化、「休まず、遅れず、働かず」

マートンは、官僚制では「手段の目的化」(instrumental value becomes a terminal value）が起こりがちだとも書きました。

規則は、もともとは何かを実現するための手段だったはずです。ところが、仕事のなかで遵守を求められるうちに、「規則を守ること」それ自体が目的に変わっていきます。「そもそも何のための規則か」を忘れ、思考を停止して盲従するのです。規則さえ守れば、実質はどうでもよいことになります。これも「訓練された無能」の一種でしょう。

そのために官僚的な組織では「**杓子定規**」(rigidity、硬直性)、「**形式主義**」(formalism)、「**儀式主義**」(ritualism)、「**お役所仕事**」(red tape）がはびこるようになると、マートンは書いています[139]。

休まず、遅れず、働かず

また、マートンに学んだ社会学者のグルドナー（Alvin W. Gouldner）は、官僚的な組織で働く人々が、処罰されない最低限のレベルに努力を減らすという問題を指摘しました[140]。

公務員は「休まず、遅れず、働かず」だと言われることがあります。

無断で休んだり、遅刻するような規則違反をすれば処罰されるので、そういうことはしません。しかし「規則違反にならない範囲で、できるだけ働かないようにする」というのです。

福島県白河市の鈴木和夫市長は、次のように書いています。

役人には心すべきことがある。役所は競争相手がいない。利益をあげ雇用を守る切迫感がなく、売上等の目標値も設定しにくい。ゆえに、いいサービス・施策を提供する意欲に欠ける。また公費を使う以上、失敗は許されないとする意識が強い。勢い、手堅く慎重になる。これが高じて「しくじって評価を落とすよりやらないほうがいい」となる。一方、職員を不当な圧力から守る身分保

障が、「やらなくても職を失うことはない」と逆に働いてしまう。いつしか「休まず遅れず働かず」の文化ができあがった。[141]

官僚的な形式主義は旧日本軍でもみられ、「員数主義」と呼ばれました。ある新聞のコラムでは、次のように書かれました。

「バカヤロー、員数をつけてこい」。旧陸軍で何か物を紛失して、上官にこう怒鳴られたら、どこか別の隊から盗んで埋め合わせろということだった。「員数」とは隊に配備された物品の帳簿上の数である。

山本七平の「一下級将校の見た帝国陸軍」によれば、戦後の捕虜収容所で誰もが日本軍の最大の敗因だと口にしたのが「員数主義」だった。つまりことの実質はどうでもいい、員数だけ書面通りならそれでいいという形式主義である。

使いものにならぬ兵器も、装備を失った兵隊も、数だけそろえて報告すれば戦力とみなされた。[142]

---

139 Merton, Robert K., Social Theory and Social Structure, Free Press, 1968, pp.251-254；ロバート・マートン著、森東吾・森好夫・金沢実・中島竜太郎共訳『社会理論と社会構造』（みすず書房、1961年）、p.183

140 デレック・S・ピュー＆デービット・J・ヒクソン著、北野利信訳『現代組織学説の偉人たち』（有斐閣、2003年）、p.10；Gouldner, Alvin W., Patterns of Industrial Bureaucracy, Free Press, 1954

141 白河市ウェブサイト、http://www.city.shirakawa.fukushima.jp/sp/page/page000316.html

142 毎日新聞2018年8月30日（東京 朝刊）、https://mainichi.jp/articles/20180830/ddm/001/070/147000c

Lesson 8-4

節約すると怒られる?

セクショナリズム、予算のつかい切り

社会学者のセルズニック(Philip Selznick)もマートンのもとで学び、官僚制の弊害を研究しました。行政学者の風間規男先生は、次のようにまとめています。

P・セルズニックは、テネシー渓谷開発機構(TVA)の事例研究により、官僚制における熟練と専門化が、官僚の視野を狭くし、自分の所属する集団への愛着を強め、組織全体の目的に反するような方向で価値や行動様式を発展させるプロセスを浮かび上がらせている。[143]

これは官僚制についてよくいわれる縦割りの「セクショナリズム」(sectionalism、部署主義)でしょう。

行政学者の桑原英明先生は、次のように書いています。

日本官僚制の第2の特色としてあげることができるのは、「省益あって国益なし」とか「局益あって省益なし」などと揶揄されるように、セクショナリズム(部局割拠主義)が、イギリス、アメリカ、フランスといった他の国々と比較して、根強いことである。ここでセクショナリズムとは、西尾勝によると「各部局がつねに自分のところの所掌事務を中心にものごとを考え、他部門との調整・協調に努めようとしない、『部局の哲学』というべきものを発達させること」である。[144]

お役所仕事としてよく指摘される部署間での「たらい回し」や「責任のなすり合い」も、セクショナリズムの表れでしょう。

予算のつかい切り

また、官公庁の場合には、単年度主義の予算による弊害もよく指摘されます。

次の経済記事は、近年の日本でも無駄な予算執行が行われてきたことを示唆しています。

各省の副大臣らで構成する予算監視・効率化チームは……年度末の予算使い切りによる無駄遣いをやめる方針を確認した。……各省には予算の使い切りが評価される風潮がなお残っている。……国家公務員を対象にしたアンケートでは「予算を使い切らないと次年度から減額されると上司に言われる」などの声が寄せられた。[145]

ふつうの会社なら、費用を節約したら褒められるでしょう。しかし官公庁の予算制度では、無駄づかいを奨励するようなインセンティブが働いてしまうのです。

予算制度について、ドラッカーは次のように書いています。

予算配分によって運営されることが、成果や結果の意味を変えてしまう。予算で運営される機関では、結果とはより多くの予算を獲得することになり、成果とは予算を維持または増額する能力になってしまう。結果という言葉がふつう意味するような、市場での貢献や目標の達成は、実際にはおろそかにされる。[146]

---

143 風間規男編・岡本三彦・中沼丈晃・上崎哉著『行政学の基礎』(一藝社、2007年) p.95；Selznick, Philip, TVA and the Grass Roots, University of California Press, 1949.

144 堀江湛編『政治学・行政学の基礎知識 第2版』(一藝社、2007年) p.281

145 日本経済新聞、2011年3月10日、https://www.nikkei.com/article/DGXNASFS1003A_Q1A310C1EE1000/

146 引用部分は、以下の原著から私が翻訳しました。翻訳書も紹介しておきます。Drucker, Peter F., Management: Tasks Responsibilities Practices, HarperCollins, 1974, p.142；ドラッカー著、上田惇生編訳『マネジメント［エッセンシャル版］基本と原則』(ダイヤモンド社、2001年)

Lesson
8-5 よいリーダー2人より、悪いリーダー1人がまし？

命令の統一、管理の幅、集権と分権

官僚制（ヒエラルキー）の基本原則に「**命令の統一**」(unity of command）というものがあります。「命令の一元性」と翻訳されることもあります。これは「すべてのメンバーは、直属の上司にだけ報告し、直属の上司だけから命令を受ける」というルールです。

ドラッカーは、「よい主人が２人いるより、悪い主人が１人だけの方がましである」と書きました[147]。「船頭多くして船山に上る」ともいいますが、２人以上の上司から矛盾する指示を与えられると、部下は困惑します。

また、リーダーは自分よりも下の階層で起こることには責任を負わなければなりません。部下が直属の上司を飛ばして、さらに上層の管理職とやりとりをしたり、上司の知らないところで他の部署のメンバーとやりとりをしてしまうと、直属の上司は「そんな話は聞いていない」ということになってしまいます。組織の秩序を保つうえで、「命令の統一」は重要なのです。

管理の幅と組織の形

リーダーは直属の部下については直接のやりとりで、それよりも下のメンバーについては直属の部下を介して間接的に掌握します。ヒエラルキーでは、直属の上司と部下のあいだの縦の（垂直的な）コミュニケーションが基本になるということです。

上司が部下を指導・監督するうえで問題になるのが「**管理の幅**」(span of control）です。「統制の範囲」と翻訳されることもあります。これは「１人の上司がもつ部下の数」のことです。

ファヨールは「責任者は一般に４人あるいは５人以上の直接の部下を持たない[148]」と書いています。当時は、それくらいの管理の幅がふつうだったのでしょう。現代のリーダーは、もっと多くの部下をもつ傾向にあります。

図17は、管理の幅と組織の形（階層数）の関係を表したものです。

図17　管理の幅と階層数

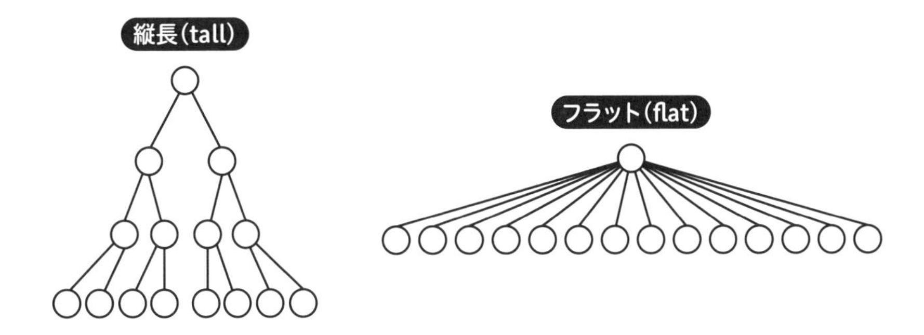

メンバー数は同じ15人ですが、管理の幅を２人と狭くしたのが図の左側です。そうすると階層数が多くなり、組織の形は「縦長」（tall）になります。

図の右側では管理の幅を広くして、部下全員（14人）を１人の上司の下に置きました。そうすると、組織の形は「フラット」（flat、平ら）になります。

管理の幅が狭い縦長の組織では、上司は少数の部下を細かく指導・監督できます。そうすると、部下の仕事のやり方まで上司が決めて、細かく口を出すような管理になりがちです。それは「集権」（centralized）のマネジメントになるということです。「多くの重要な意思決定について、権限が上層に集中している」ということです。縦長で集権というのが、官僚制の特徴です。

管理の幅が広いフラットな組織では、上司は多くの部下を抱えるので、一人ひとりに細かな指示を出すことはできません。そうすると、部下に自由裁量を与えてまかせる「分権」（decentralized）のマネジメントになります。「多くの重要な意思決定について、権限が現場まで広く分散している」ということです。

147　引用部分は、以下の原著から私が翻訳しました。翻訳書も紹介しておきます。Drucker, Peter F., The Practice of Management, HarperCollins, 1954, p.525；P・F・ドラッカー著、上田惇生訳『新訳 現代の経営』（ダイヤモンド社、1996年）

148　ファヨール著、佐々木恒男訳『産業ならびに一般の管理』（未来社、1972年）、p.99

Lesson

8-6 よいマネジメントは環境によって違う？

ヒエラルキーとネットワーク

経営学では1960年ごろから、「どんな環境に、どんな組織が適応しているか」を考える「**環境適応理論**」(contingency theory) が盛んになりました。

初期の有名な研究に、社会学者のバーンズ (Tom Burns) と心理学者のストーカー (George M. Stalker) によるものがあります。彼らは、変化の遅い環境には「機械的システム」、変化の速い環境には「有機的システム」が適応していることを発見しました。

彼らのいう「**機械的システム**」(mechanistic system) は、次のような特徴をもちます。①組織全体の問題や使命は、専門的な機能業務に細分化される、②個々の業務は組織全体の使命から乖離して追求され、抽象的な性質をもつ、③個々の業務はヒエラルキーによって調整される、④各機能の権限・義務・方法は詳細に規定される、⑤機能の権限・義務・方法に対応する責任が課される、⑥ヒエラルキー構造による統制・権限・コミュニケーション、⑦知識はヒエラルキーのトップに集中、⑧垂直的なコミュニケーション、⑨上司の決定と指示による統制、⑩組織への忠誠と上司への服従を重視、⑪組織特有の知識・経験・スキルを重視[149]。これはまさに、官僚的、集権的なヒエラルキー型のマネジメントといえるでしょう。

これに対して「**有機的システム**」(organic system) は、次のような特徴をもちます。①専門的な知識や経験は、あくまでも組織全体の使命に貢献するためにある、②個々の業務は組織全体の状況に応じて設定され、「実際的な」性質をもつ、③個々の業務は他者との相互作用によって調整され、つねに再定義される、④組織へのコミットメントは専門性を超えて広がる、⑤権限・義務・方法を限定するという意味での「責任」は存在しない、⑥ネットワーク構造による統制・権限・コミュニケーション、⑦知識はネットワークの各所に分散、⑧水平的で相談型のコミュニケーション、⑨決定と指示ではなく情報提供と助言、

⑩組織の使命と「科学的精神」へのコミットメントを重視、⑪組織の外でも通用する交友関係や専門的能力を重視。こちらは、これからお話しするシリコン・バレー型、ネットワーク型のマネジメントといえるでしょう。

ここからは、官僚的（機械的）組織を「**ヒエラルキー型**」（hierarchical organization）、シリコン・バレー型（有機的）組織を「**ネットワーク型**」（network organization）と総称して、話を続けます。

シリコン・バレー型のマネジメント

シリコン・バレーは、米国カリフォルニア州、サンフランシスコの南東にある地域です。そこから、世界のトップ5（**5-11**）に入るアップル、グーグル、フェイスブックをはじめ、インテル、ヤフー、ネットフリックス、テスラといった先進企業が次々と生まれています。

政治学者のサクセニアン（AnnaLee Saxenian）は1994年の著書で、東海岸のボストン周辺にある「ルート128」と呼ばれるエリアと、シリコン・バレーの地域的な特徴を比較しました。

そこでは、官僚的なルート128とは対照的に、自由で開放的、緩く柔軟なシリコン・バレーのビジネス・スタイルが描かれています。ルート128は衰退し、シリコン・バレーは隆盛しますが、その原因はこうした社会システムにあるのではないかと、サクセニアンは考えました[150]。

さまざまな生物が、いろいろな環境（ニッチ）に適応して生きています（5-10）。同じように経営の世界でも、さまざまな組織が、いろいろな環境に適応しているはずですね。

149 Burns, Tom and George M. Stalker, The Management of Innovation, Oxford University Press, 1961, pp.119-122

150 Saxenian, AnnaLee, Regional Advantage: Culture and Competition in Silicon Valley and Route 128, Harvard University Press, 1994.；アナリー・サクセニアン著、山形浩生・柏木亮二訳『現代の二都物語 なぜシリコンバレーは復活し、ボストン・ルート128は沈んだか』（日経BP、2009年）、pp.19-20

Lesson
8-7

道徳には２種類ある？

統治の倫理と市場の倫理

ルート128とシリコン・バレーの対比をみて私が思い出すのは、米国のジャーナリスト、ジェイコブズ（Jane Jacobs）が考えた２種類の道徳システムです。

彼女は、人間の世界には「**統治の倫理**」（guardian moral）と「**市場の倫理**」（commercial moral）という2つの倫理観があると考えました[151]。

統治の倫理というのは、①「取引を避けよ」（Shun trading）、②「勇敢であれ」（Exert prowess）、③「規律遵守」（Be obedient and disciplined）、④「伝統堅持」（Adhere to tradition）、⑤「位階尊重」（Respect hierarchy）、⑥「忠実たれ」（Be loyal）、⑦「復讐せよ」（Take vengeance）、⑧「目的のためには欺け」（Deceive for the sake of the task）、⑨「余暇を豊かに使え」（Make rich use of leisure）、⑩「見栄を張れ」（Be ostentatious）、⑪「気前よく施せ」（Dispense largesse）、⑫「排他的であれ」（Be exclusive）、⑬「剛毅たれ」（Show fortitude）、⑭「運命甘受」（Be fatalistic）、⑮「名誉を尊べ」（Treasure honor）というものです。これらは武士や軍人の文化や、官僚的なシステムを連想させるものです。

これに対して市場の倫理は、①「暴力を締め出せ」（Shun force）、②「自発的に合意せよ」（Come to voluntary agreements）、③「正直たれ」（Be honest）、④「他人や外国人とも気やすく協力せよ」（Collaborate easily with strangers and aliens）、⑤「競争せよ」（Compete）、⑥「契約尊重」（Respect contracts）、⑦「創意工夫の発揮」（Use initiative and enterprise）、⑧「新奇・発明を取り入れよ」（Be open to inventiveness and novelty）、⑨「効率を高めよ」（Be efficient）、⑩「快適と便利さの向上」（Promote comfort and convenience）、⑪「目的のために異説を唱えよ」（Dissent for the sake of the task）、⑫「生産的目的に投資せよ」（Invest for productive purposes）、⑬「勤勉なれ」（Be industrious）、⑭「節倹たれ」（Be thrifty）、⑮「楽観せよ」（Be optimistic）というものです。こちらはシリコン・バレーの文化によく当てはまるものでしょう。

対立する2つの価値観

ジェイコブズは、統治の倫理は他の動物にも共通するもので、市場の倫理は人間だけにみられるものだと考えます。

たしかに統治の倫理は、集団内で結束して外部集団と争い、なわばりや食物や繁殖相手といった資源の獲得を目指す動物の世界とも共通するところがあるかもしれません。

人間でいえば、領土争いのようなゼロ・サム・ゲーム（**2-6**）で、味方に利益をもたらすべく、外の敵と戦う騎士や武士たちを思い起こさせます。**6-2**で紹介した「内集団バイアス」につながる、「ウチ」と「ソト」をはっきりと分ける考え方です。

現代であれば、国を守る軍人、ライバルと戦うスポーツ・チーム、仲間内への利益誘導をはかる派閥政治などで、こうした価値観がみられるのではないでしょうか。談合のような汚職や、不祥事の隠蔽といった行動の背景にも「統治の倫理」があるのかもしれません。

これに対して、現代のビジネスで顕著な成功をおさめているのは、市場の倫理にもとづくシリコン・バレー型の価値観でしょう。

それはゼロ・サムの世界で資源を奪い合うのではなく、イノベーション（**2-9**）で新たな価値を生み出し、交換（**9-4**）によってお互いに利益を得るという考え方です。Win-Winの関係を築いて、自分にとっても、取引相手にとっても、社会全体にとっても利益になる行動をとるということです。

ソトから奪ってウチに利益をもってくるのは「価値の創造」ではなく、単なる「価値の移転」です。他から獲ってくるだけでは、社会全体には価値をもたらしません。誰かに損をさせて、そのぶん自分が得をするだけです。予算や人員枠の獲得競争、その他の利権争いは、そうした側面をもつのかもしれません。

151　ジェイン・ジェイコブズ著、香西泰訳『市場の倫理 統治の倫理』（筑摩書房、2016年）、pp.58-60；Jacobs, Jane, Systems of Survival: A Dialogue on the Moral Foundations of Commerce and Politics, Random House, 1993, p.215

Lesson 8-8 「2の99乗」はいくつ？

DXと情報革命

近年は、シリコン・バレーによくみられるような、ネットワーク型の組織が台頭してきました。その背景について考えてみましょう。

このところ「**DX**」という言葉をよく耳にします。これは「Digital Transformation」（デジタル変革）の略で、「人間生活のあらゆる面でデジタル技術が引き起こす変化[152]」のことです。

最近はDXにとって代わられた感もありますが、以前は「**情報革命**」（information revolution）や「IT革命」（information technology revolution）という言葉がよくつかわれました。情報革命（IT革命）は、「情報の処理と伝達のコストを劇的に低下させる、コンピュータ、コミュニケーション、ソフトウェアの急速な技術進歩」[153]です。

DXは「情報革命が引き起こす生活の変化」と考えてよいでしょう。以前は情報技術（IT）の進歩そのものが驚異でしたが、近年はITが生活全般に溶け込み、気づかないうちに私たちの生活を変えています。

たとえばGAFAM（**5-11**）は多くの面で、DXを牽引してきました。日常的につかうPCやスマートフォン、ウェブ検索やネット・ショッピング、SNSといったデジタル技術は、私たちの生活を劇的に変えました。それほど目立たないところでも、ITはあらゆる日常に浸透しています。

情報革命が変化を加速させている

情報革命のスピードを象徴する法則として、①「コンピュータの計算能力は18ヶ月で倍増する」という「**ムーアの法則**」（Moore's law）、②「情報通信のスピードは6ヶ月で倍増する」という「ギルダーの法則」[154]、③「ハードディスクの保存容量は12ヶ月で倍増する」という「ハードディスク容量倍増の法則」などが知られていました[155]。

このなかでは最もスピードの遅い「ムーアの法則」でも、だいたい５年で10倍という速さの進歩です。

５年で10倍ということは、10年では何倍でしょうか。10倍＋10倍で20倍ではありません。10倍×10倍で100倍になります。足し算による直線的な進歩ではなく、掛け算による加速度的な進歩なのです。

情報技術の加速度的な進歩によって、世の中の変化も速くなりました。そうしたスピードに対応するための組織変革も求められるようになりました。

情報革命はまた、新しいタイプのマネジメントを可能にするコミュニケーション・ツールも生み出しました。

こうしたことを背景に、官僚的な「ヒエラルキー型組織」から、シリコン・バレー型の「ネットワーク型組織」への移行が進んでいるのでしょう。

人間の感覚では、加速度的な増加のすさまじさを実感するのは難しいようです。

史実かどうかは別として、豊臣秀吉に仕えたという曽呂利新左衛門は、あるとき秀吉から「望みどおりの褒美をとらせよう」と言われて、「今日は１粒、明日は２粒、明後日は４粒と、100日の間、米粒を倍々にしながら私にください」と答えたそうです。たかが米粒ですから、100日くらいではたいした量にはならないように思えます。

しかし米粒の数は、１日めが「２の０乗＝１」、２日めが「２の１乗＝２」、３日めが「２の２乗＝４」と続き、100日めには「２の99乗」になります。エクセルで「=2^99」と打ち込めばわかりますが、これは30桁という天文学的な数字になります。「億」が９桁、「兆」が13桁ですから、想像もつかない桁数です。

152 Storterman, Eric and Anna Croon Fors, "Information Technology and the Good Life," International Federation for Information Processing, Information Systems Research Relevant Theory and Informed Practice, 2004, pp.687-692, p.689

153 引用部分は、以下の原著から私が翻訳しました。翻訳書も紹介しておきます。Keohane, Robert O. and Joseph S. Nye, Power and Interdependence (3rd ed.), Addison Wesley, 2001, p.217；ロバート・O・コヘイン、ジョセフ・S・ナイ著、滝田賢治訳『パワーと相互依存』（ミネルヴァ書房、2012年）

154 引用ページは原著のものですが、翻訳書も紹介しておきます。Gilder, George, Telecosm: The World After Bandwidth Abundance, Free Press, 2000, p.265；ジョージ・ギルダー著、葛西重夫訳『テレコズム ブロードバンド革命のビジョン』（ソフトバンククリエイティブ、2001年）

155 尾高煌之介・都留康編『デジタル化時代の組織革新―企業・職場の変容を検証する』（有斐閣、2001年）、p.42

Lesson 8-9

「ブラックホーク・ダウン」の衝撃

アメリカ陸軍の組織改革

ヒエラルキーの典型とされた軍隊でも、ネットワーク型への移行が進みました。

NHKスペシャル「変革の世紀」では、1993年にソマリアで起こった出来事をきっかけとするアメリカ陸軍の組織改革が紹介されました[156]。

……93年10月3日。アイディード派の拠点を襲撃するために、首都モガディシオの市内に降下しようとしていたアメリカ軍特殊部隊のヘリコプターが、ソマリア民兵に撃墜されるという事態が起こった。

当初、作戦は1時間足らずで終了する予定だった。ところが、ヘリ墜落によって現場は大混乱を極め、救出に向かった車両部隊までもが、逆に、地元武装勢力に包囲され、暴徒と化した民兵たちの銃撃にさらされるという最悪の状況に陥った。

実はこのとき、上空の偵察機が、墜落現場を探す車両部隊とソマリア民兵の動きを追っていた。しかし規則上、偵察機は車両部隊と直接連絡を取ることができず、墜落現場への道順は、司令部および現場指揮官が乗った戦闘ヘリを経由して車両部隊に伝えられた。そのため、「次の角を曲がれ」といった指示が微妙に遅れ、車両部隊は墜落現場の周りを迷走。地の利に長けた民兵の集中砲火の的となっていったのだ。(pp.107-108)

縦に長いヒエラルキーの「伝言ゲーム」によって、コミュニケーションが遅く不正確になり、深刻な事態をまねいたというのです。この出来事は「ブラックホーク・ダウン」というタイトルで映画にもなりました。

この惨事を教訓に、アメリカ陸軍は大規模な組織改革に着手します。

アメリカ陸軍の組織改革は、**図18**のように表されます。図の左側は、直属の上司とだけコミュニケーションを行う伝統的なヒエラルキー構造です。

図18　アメリカ陸軍の組織改革

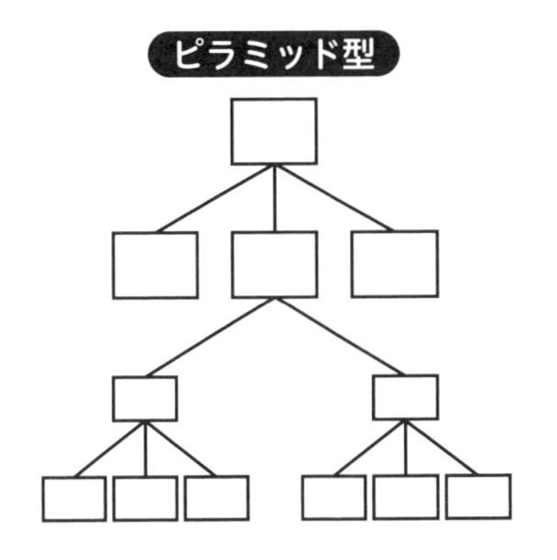

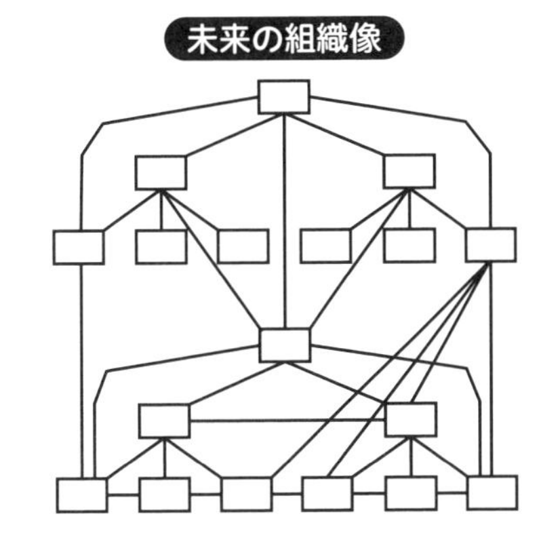

参照：TRADOC Pamphlet 525-5 "FORCE XXI OPERATIONS", 1994、
https://www.help4you.info/pdf/19940801_TRADOC_Pamphlet_525-5.pdf

図の右側が新しい組織の形です。直属の上司を飛ばして、誰とでも直接、自由に連絡をとるように描かれています。水平的（縦横無尽）な、ネットワーク型のコミュニケーションです。

ネットワーク型の組織で「命令の統一」(8-5) が守られるのかと心配になりますが、近年の電子メールやメッセージ・アプリでは、直属の上司も含めた複数のメンバーと同時に連絡をとることができます。

情報技術によってコミュニケーションの制約が取り払われ、伝統的な原則にしばられないマネジメントが可能になってきたともいえるでしょう。

156　水越伸編『NHKスペシャル「変革の世紀」(Ⅰ) 市民・組織・英知』(日本放送出版協会、2002年)

Lesson
8-10 この指とまれ？
21世紀型の組織

経営学者のマローン（Thomas W. Malone）は、「21世紀型の組織」がどんなものになるか考えました。NHKスペシャル「変革の世紀」では、**図19**のような模式図とともに、次のように紹介されました。

ピラミッド型組織から解き放たれ、自立してゆく個人。その個人の力を生かす新しい組織とは、どのようなものなのか。その問いに対する答えを出そうと、マサチューセッツ工科大学のトーマス・マローン教授を中心に研究プロジェクトが組まれた。マローン教授たちは、世界17ヵ国、264の企業を選び出し、組織の構造を徹底的に分析。トヨタ自動車やセブン-イレブンジャパンなど、日本企業7社もその対象となった。

まず、調査をもとに組織の意思決定の流れを図式化し、そのうえで、上司と部下の関係、命令や報告のルートを変えると、組織の構造はどう変わるのか、最新技術を駆使したシミュレーションが何度となく繰り返された。そこから抽出された、ひとつの組織のイメージ図。それは、次々と惑星が誕生する宇宙空間のような不可思議な図であり、ピラミッド型は、もはや跡形もない。[157]

空間に浮かぶ小さな球体は、組織のメンバーを表します。「所属する部署はない」とされます。円形の広場は、メンバーたちが参加するプロジェクトです。プロジェクトは、メンバーが自発的に結びつくことで次々と生まれます。「さまざまな専門性を持つ個人が縦横無尽に結びつくことで、新たな組織のパワーが生み出される」のです。

組織のメンバーは、やるべき仕事（プロジェクト）を自分で考えます。プロジェクトに必要なメンバーは、「この指とまれ」のような形で勧誘して加わってもらいます。「プロジェクト・チーム」（project team）や「タスク・フォース」（task force）のように、仕事に応じてメンバーを募り、仕事が終われば解散するのです。

図19　21世紀型の組織像

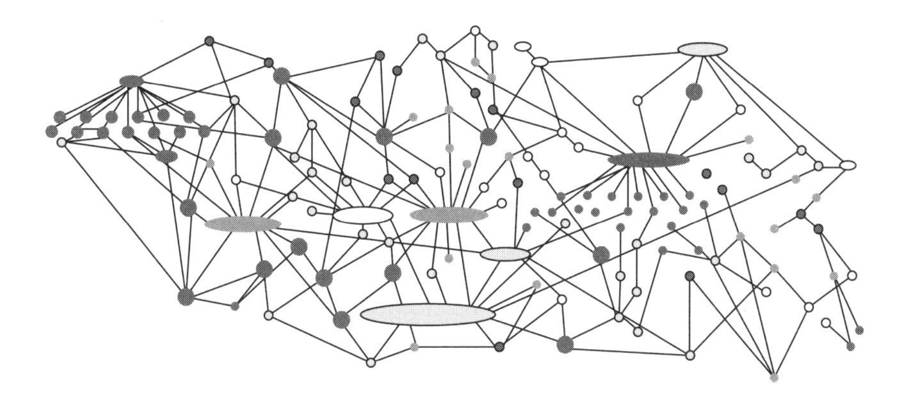

参照：水越伸編『NHK スペシャル「変革の世紀」(Ⅰ) 市民・組織・英知』(日本放送出版協会、2002 年)、p.119 をもとに作図

あるテレビ番組で、グーグル日本法人の職場の様子が紹介されていました。そこでは「上司筋からの命令がない」「自分の好きなことをしていい」「勝手にプロジェクトを始められる」「アイデアを社内ネットで公開し、共感した人が集まってサービスをつくる」など、まさに21世紀型のマネジメントが実践されていました[158]。

157　水越伸編『NHKスペシャル「変革の世紀」(Ⅰ) 市民・組織・英知』(日本放送出版協会、2002年)、p.119

158　TBS「がっちりマンデー！！」2006年10月15日放送、https://www.tbs.co.jp/gacchiri/archives/2006/1015.html

Lesson 8-11

ヒエラルキーは もはや機能しない？

チーム・オブ・チームズ（1）

2003年から2008年まで、米国の特殊部隊を率いてイラクのアルカイダと戦ったマクリスタル（Stanley McChrystal）元陸軍大将らは、2015年に『TEAM OF TEAMS』という本を出しました[159]。

マクリスタルらは、上司が絶対的な権力をもつヒエラルキーでは、現場の兵士が状況に素早く対処することができないといいます（pp.151-152）。現場が即座に「こうするべきだ」と的確な判断を下しても、実際には遠方の上司に連絡して、その返事を待たなければ行動できない規則になっているのです。

彼らは「伝統的な秩序と規律の代償はあまりにも高い」といいます。縦長のヒエラルキーでは、途中の中間管理職が内容をチェックしながら、伝言ゲームのように連絡が伝わるので、コミュニケーションは遅く不正確になります。

タテ割りの部署のあいだの秘密主義は、情報セキュリティーには役立つかもしれませんが、お互いに必要な情報を隠し合うことになるので、仕事の効率を落とします。それぞれの部署が自分の仕事だけすればよい時代なら、それでよかったのかもしれません。しかし、お互いの仕事が密接につながるようになると、情報を交換して連携をとる必要が出てきます。

細かい規則やマニュアルは、事故を防ぐという意味はありますが、創造的なイノベーションを阻害します。

マクリスタルは、そうしたヒエラルキーを指揮するなかで、ある疑問を抱きます。

……よく攻撃の判断を求められた。日中であれば、たいてい精密爆撃についてだ。こちらに犠牲が出たり、民間人を巻き込んだりする恐れもあるため、交戦状態にない場合に空爆を行うには最高指揮官である私の承認を得るという手続きが必要だったのだ。

私が「説明しろ」と言うと、いつも地図や写真、標的の関連情報のプリント

アウトを何枚か見せられた。それで、作戦が妥当か、情報が標的の現在地を断定するのに十分か、空爆以外の選択肢がないかを判断するのだ。手短に資料に目を通し、やり取りをした後で、私は空爆を認めてほしいかと尋ねる。すると相手は「何のために起こしたと思ってるんだ？」という顔でうなずく。私はいつも彼らの望むようにした。

寝ているところを起こされ、人の生死に関わる決断を下す仕事は、私に指揮官としての自覚を持たせるとともに、自分が重要で必要な存在だと感じさせてくれた。それこそが、多くの組織指導者が求めてやまない感覚だ。しかし、私はじきに、このプロセスにおいて自分にどれだけ価値があるのかと疑問を持ち始めた。というのも、私が判断しなければならないのは、前の晩にずっと追いかけていた標的についてではなく、その場で説明される状況以上のことは知らなかったからだ。気の利いた質問ぐらいはできるが、自分の判断力が同僚たちより抜群に優れているなどという幻想は抱いていない。それに、私には自分が望むほどの深い洞察力はなかった。やってくる部下たちがその問題に一番詳しいのだから、ほとんどの場合、彼らの考えを単純に信頼した。承認することが私の役割だったが、そのプロセスを経なければならないために動きが遅れて一瞬のチャンスを逃すこともあった。(pp.352-353)

動きの速いアルカイダに対して、鈍重なヒエラルキーの米軍は当初、苦戦を強いられました。マクリスタルは組織をネットワーク型に変えることで、事態を打開していきます。

159 スタンリー・マクリスタル著 with タントゥム・コリンズ、デビッド・シルバーマン、クリス・ファッセル、吉川南・尼丁千津子・高取芳彦訳『TEAM OF TEAMS 複雑化する世界で戦うための新原則』(日経BP、2016年)

Lesson 8-12 「権限移譲」するとどうなる？

チーム・オブ・チームズ（2）

マクリスタルは、次のように続けます。

……私はリーダーの役割の本質について、あらためて考えるようになった。私の承認を待ったからといってより良い結果が出るわけではない。優先すべきは、時機を逸する前に最善の選択をすることだ。私は、特別なことがない限り自分が介入してもさして意味はないことに気づき、やり方を変えた。私が空爆などを決める際の思考の筋道を司令部全体に伝え、自分たちで判断するよう命じたのだ。誰の判断であれ最終的な責任は私にあり、部下たちの結論も私とほとんど変わらなかったがそれでも、こうすれば必要な行動をとる権限をチームに与えられる。[160]

マクリスタルは、「常に上の判断を仰ぐこれまでのやり方は、組織に時間的余裕があることが前提となる」といいます。「判断の遅れによる代償は、監督不行き届きで失うものより小さいことが前提」となるのです。

しかし、状況の変わるスピードが速くなると、「優秀な部下に判断を委ねるリスクより、行動が遅れるリスクのほうが高くなっていた」のです（p.365）。

部下たちに権限を委譲した効果を、マクリスタルは次のようにまとめます。

我々が「実行権限の付与」と名づけたこの取り組みは、総じて素晴らしい成果を挙げた。戦いでは、敵を捕らえ、攻撃を防ぐためにスピードが不可欠であり、判断が速くなったことは極めて重要だった。さらに目を見張る重要な発見もあった。スピードが増し、権限をますます下へと移しているにもかかわらず、判断の質は下がるどころか、上がっていった。

我々は、明日まで時間をかけて90パーセントを解決するより、今日のうちに70パーセントを解決するほうがよいと信じて権限の分散を進めた。そして実際には、明日までかければ70パーセントしか解決できなかった問題を、今日やる

ことで90パーセント解決できた。

これは驚きだった。上に立つ者のほうが優れた見識を持っているものだという固定観念がひっくり返されたのだから。意外な結果ではあったが、その効果を持続させて高めていくためには、その根本的な理由を解明する必要があった。

理由の一つは、意思決定時の心理にあった。人間は自ら決断をした時のほうが、結果を出そうという意識が働くので力を注ぐようになる。もう一つは単純で、我々のテクノロジーをもってしても、上の者は現場の人間ほど実際に起きていることを理解していないからである。実行中の作戦を映像で見られるのは素晴らしいが、現場の指揮官は、気温や疲労、さらには隊員たちの性格といったことまですべて、映像や音声を通しては得られない形で複雑な状況を把握している。(p.374)

それまでのやり方は、「部下が情報を出し、それをもとに指揮官が全体に対して命令する」というものでした。マクリスタルはこれを逆転させて、「部下が背景と状況を理解し、連携を取り合って主体的に判断できるよう、上の者たちに情報を出させた」のです（p.377)。

こうした組織改革を、マクリスタルは次の言葉で締めくくります。

ネットワーク型の敵を倒すため、我々もネットワークになった。「チームのなかのチーム」になったのだ。(p.437)

マクリスタルは動きの速いアルカイダに対抗するため、部下に判断をまかせる「権限移譲」(delegation)を実行しました。判断の正確さよりも、行動のスピードを優先したのです。

これによって、現場がもつ情報をタイムリーに活かせるようになり、現場のモチベーションや責任感も高まりました。

160　スタンリー・マクリスタル著 with タントゥム・コリンズ、デビッド・シルバーマン、クリス・ファッセル、吉川南・尼丁千津子・高取芳彦訳『TEAM OF TEAMS 複雑化する世界で戦うための新原則』(日経BP、2016年)

Lesson 8-13

正確さよりもスピード

チーム・オブ・チームズ（3）

本のタイトルにある「チーム・オブ・チームズ」というのは、「現場チームによって構成される、組織全体のチーム」という意味です。少しややこしいのですが、①現場がチームのような組織になっていて、②現場どうしをつなぐ組織全体の構造も、チームのように連携がとりやすくなっている、ということです。

図20の一番上に描かれているのが、官僚的なヒエラルキーです。整然と秩序だった構造ですが、コミュニケーションは縦に長くなり、遅く不正確になります。何段階もの中間管理職をはさんだ伝言ゲームになるわけです。縦割りのセクショナリズムで、他の部署で何が起きているかはお互いに見えません。

中段に描かれている組織図は、現場は全員が状況をよく理解して、柔軟な連携をとるチーム組織になっています。しかし、それより上の構造は縦割りのヒエラルキーのままなので、現場どうしの連携はとれません。

一番下に描かれているのがチーム・オブ・チームズです。自分のチームだけでなく、他のチームにも人脈のつながりがあり、情報へのアクセスも自由にできます。全員が必要に応じて組織全体の状況を理解しながら、臨機応変に自分の役割を果たしていくのです。

正確さよりもスピードが大切

なぜヒエラルキーからチーム（ネットワーク型）に変わる必要があるのかといえば、それはスピードが要求される時代になったからでしょう。

たとえばサッカーの試合で、選手がいちいち監督の指示を聞いて動いていたらどうなるでしょうか。

監督がグラウンドの状況を見て、各選手へ「左へ切り返せ」「シュートを打て」などと指示を出しても、選手がそれを聞いて反応するころには局面が変わってしまって、何もできないでしょう。サッカーなら監督が指示を出す相手は

図20　チーム・オブ・チームズ

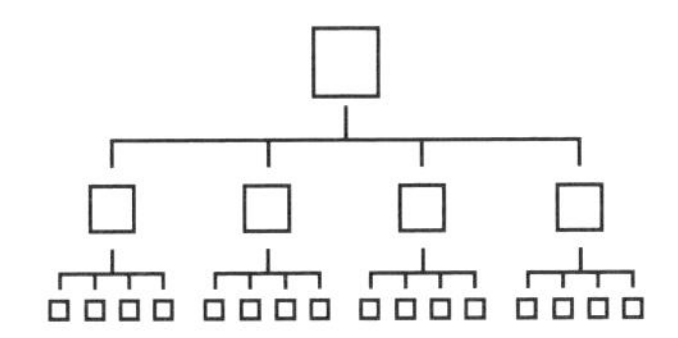

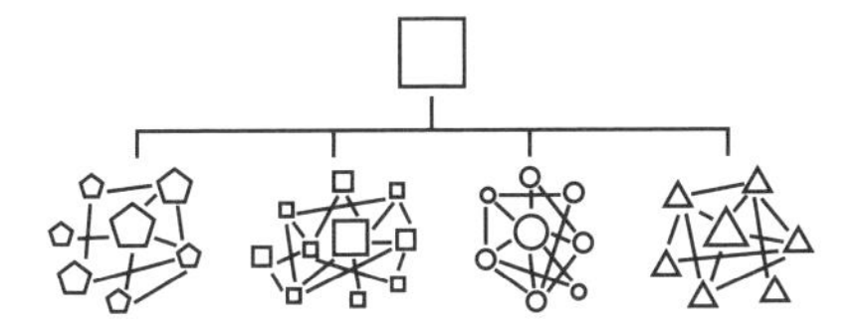

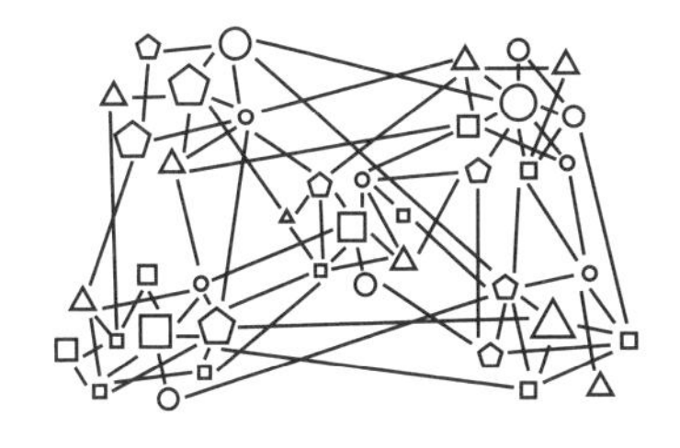

参照：McChrystal, Stanley with Tantum Collins, David Silverman and Chris Fussell, Team of Teams: New Rules of Engagement for a Complex World, Penguin, 2015, Chap.6

11人だけですが、これが千人とか1万人の大組織だったらどうでしょうか。

スピードが重要な局面では、正しくても遅すぎる判断には意味がありません。多少間違っていても、タイムリーな判断の方がよいでしょう。メンバーが必要な情報を得られるようにして、それぞれの判断で行動を決めてもらうしかないのです。

今ではスマートフォンのアプリなどで、時間や空間を超えて、多くのメンバーと継続的にコミュニケーションをとれるようになりました。そうした情報技術によって、チーム型、ネットワーク型の組織を運営しやすくなってきたということもあるのでしょう。

Lesson
8-14 正反対のマネジメント？

ヒエラルキー型とネットワーク型（1）

この章では、「ヒエラルキー型」と「ネットワーク型」という2つの対照的なマネジメント・システムについて考えました。最後に、これらの特徴を整理しておきましょう。

図21に、ヒエラルキー型とネットワーク型の特徴をまとめました。

図の内容については、このあとで説明します。

ヒエラルキーは、トップと現場の能力差が大きいときに適します。ヒエラルキーがうまくいく前提は、上に行くほど優秀な（判断力のある）人材がいるということです。

トップが優秀で、現場はそれほどでもないからこそ、「多くの重要な判断を上層部で行い、現場は黙って従うのがよい」ということになるわけです。ときどき「上司が無能」といった声を聞くことがありますが、ヒエラルキーではそれはまずいのです。

20世紀の初めにフォードが自動車の大量生産を始めたころ、自動車づくりの知識は上層部にあり、現場の従業員は何も知りませんでした。そうした状況では、労働者は黙ってフォードの指示どおりに動くのが効率的だったでしょう。

しかし、現場に多くの優秀な人材がいる時代になると、社長や重役だけが忙しく考える中央集権よりも、多くの従業員の思考力を活かす自律分散のシステムの方がうまくいくようになります。ネットワーク型への移行には、そうした背景もあるのでしょう。

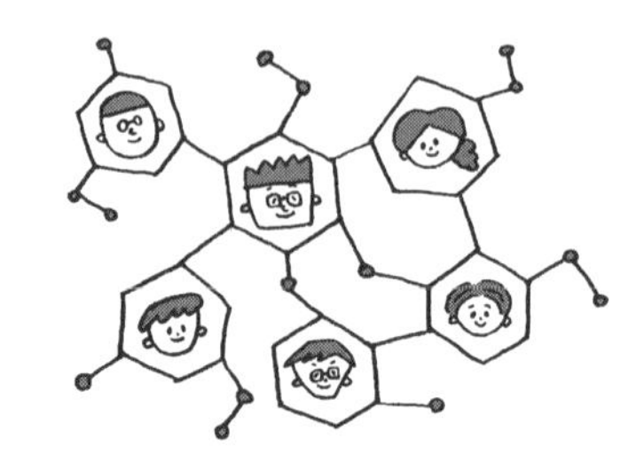

図21　ヒエラルキー型とネットワーク型

	ヒエラルキー型 hierarchical	ネットワーク型 network
環境 environment	確実（certain） 安定（stable） 単純（simple）	不確実（uncertain） 変化（dynamic） 複雑（complex）
成果 performance	効率（efficient） 一貫（consistent）	創造（creative） 機敏（agile）
意思決定 decision	集権（centralized）	分権（decentralized）
組織の形 structure	縦長（tall）	フラット（flat）
コミュニケーション communication	垂直（vertical）	水平（horizontal）
コントロール control	公式（formal） 他律（heteronomous）	非公式（informal） 自律（autonomous）
リーダーシップ leadership	命令（order） 指示（instruct）	創発（emerge） 支援（support）
メンバー member	均一（uniform）	多様（diverse）
組織の境界 boundary	閉鎖（closed）	開放（open）

Lesson 8-15

マネジメント・システムのまとめ

ヒエラルキー型とネットワーク型（2）

図21について、説明します。

ヒエラルキー型は、「確実」「安定」「単純」といった仕事に向いています。そういう仕事なら、優秀な上層部が全貌を把握して、組織全体の効率的な仕事の流れを設計できます。それを規則やマニュアルに落とし込んで実行し、学んだ改善点をまた規則に反映していけばよいのです。メンバーには、上層部の決めた規則や手順を忠実に守ることが求められます。「公式」「他律」のコントロールです。

上層部の決定を現場へ徹底させる「集権」のシステムで、リーダーシップは「命令」や「指示」が中心になります。上司が部下を細かく指導・監督するため「管理の幅」は狭く、組織の形は「縦長」です。コミュニケーションは、直属の上司と部下のあいだの「垂直」なものが多くなります。

一緒に働くメンバーは、分業・専門化された縦割りの部署に配置されるので、同じような専門知識や技能をもち「均一」です。整然と秩序だった分業体制で、部署のあいだの壁も、組織のウチとソトの境界も明確で「閉鎖」的です。

ヒエラルキー型の長所は、単純で安定した仕事については、分業・専門化によって、機械のように整然と「効率」よく処理できることです。上層部の決定が末端にまで徹底されるので、組織全体の秩序や「一貫」性、整合性が保たれるという利点もあります。ただし、いったん確立した分業体制や規則は簡単に変えられないので、融通はきかず硬直的です。変化の速い環境や、創造性を要求される仕事には柔軟に対応できません。

現場で起きた問題を上層部へ報告し、上層部が決定して現場へ指示を出すのに時間がかかるのも問題です。何段階もの中間管理職をはさむ「伝言ゲーム」では、上層部が現場の状況を把握するのが難しく、決定は遅く不正確になりがちです。

これに対してネットワーク型は、「不確実」「変化」「複雑」といった仕事に向いています。そうした仕事ではスピードや創造性が要求されるので、現場で働くメンバーの「自律」的な判断や創意工夫を活かす必要があります。自由や自主性を尊重する「分権」的なマネジメント、型にはまらない「非公式」のマネジメントになります。

リーダーシップは、メンバーから「創発」するアイデアを活かして、必要な「支援」をしていくというスタイルになります。上司は部下を細かく監督しないので「管理の幅」は広く、組織の形は「フラット」になります。ITツールの進歩もあって、コミュニケーションは多対多で「水平」（縦横無尽）です。

「タスク・フォース」「プロジェクト・チーム」「クロス・ファンクショナル・チーム」などと呼ばれる、課題に応じて臨時に編成される混成チームでの仕事が多くなります。文化や考え方、専門性など、さまざまな意味で「多様」なメンバーと一緒に働きます。部門や部署の壁、社外との境界はあまり意識されず「開放」的です。

ネットワーク型の長所は、やはり「機敏」さと「創造」性でしょう。試行錯誤による失敗も多く、短期的な効率では劣りますが、長期的な効率につながる適応能力や革新性に優れます。

多くをメンバーの自律に委ねるので、「全体の秩序や整合性を維持できるか」「現場が暴走しないか」といった懸念はあるでしょう。しかし、メンバーどうし、現場どうしでの水平的な調整は行われます。

ネットワーク型への移行が進んだ理由は、やはり世の中の変化が速くなったということでしょう。それは近年の情報革命によって、ますます顕著になりました。情報革命が生み出した便利なコミュニケーション・ツールも、ネットワーク型への移行を後押ししています。

先進国では全般的に教育水準が高く、現場に優秀な人材が多いということもあるでしょう。現場に多くを委ねるネットワーク型は、モチベーションと能力の高い人材が現場にいなければ機能しません。

Column 8

生物にも2つのタイプがある？

K戦略とr戦略

いうまでもなく、実際の組織は千差万別です。「ヒエラルキー型」と「ネットワーク型」という切り分けで、すべての組織を理解できると考えるのは単純すぎるでしょう。しかし、複雑なものごとを理解するよりどころとして、シンプルなフレームワーク（framework、枠組み）をつかうことはよくあります。第５章で紹介したポーターの競争戦略もそうでしょう。

生態学の「生活史理論」[161]では、K戦略とr戦略という考え方があります。

K戦略は、安定した環境で、少数の子を大切に育てようとします。いわば「量より質」「少数精鋭」の戦略です。具体的な特徴は「大きな体」「晩成」「長い妊娠期間」「少産」「親が子の面倒をみる」「長い寿命」といったものです。大きな体の成長に時間やエネルギーを割き、生存能力や競争力を高める戦略です。ゾウやヒトなどにあてはまります。

r戦略は、変化の激しい環境で、すばやく多くの子孫をつくろうとします。いわば「質より量」「数撃ちゃ当たる」の戦略です。具体的な特徴は「小さな体」「早熟」「短い妊娠期間」「多産」「産みっぱなし」「短い寿命」といったものです。生存や成長よりも、繁殖スピードを優先する戦略です。捕食されることの多い昆虫や魚類は、こうした戦略をとります。

K戦略は、安定した環境で、規則やマニュアルをつくり上げ、安全・確実に活動を続けるヒエラルキー型の組織を連想させます。

r戦略は、変化の激しい環境で、新たなニッチやブルー・オーシャンを求め、試行錯誤でどんどん新商品を出していくネットワーク型組織のようです。

生物にも数多くの種があり、実際には千差万別ですから、簡単にK戦略とr戦略で片づけるのは乱暴かもしれません。しかし、この単純な考え方で、生物の繁殖戦略をかなりよく理解できるのもたしかでしょう。

161　ロバート・ボイド＆ジョーン・B・シルク著、松本晶子・小田亮監訳『ヒトはどのように進化してきたか』（ミネルヴァ書房、2011年）、pp.308-314

第 9 章

地位をめぐる競争で、自分の価値を高める「人材マネジメント」

第９章～第１１章では、仕事に役立つと同時に、個人の生き方の参考にもなる経営学の考え方を紹介します。

この第９章ではまず、「地位商品」「対比効果」「軍拡競争」といった用語を説明しながら、相対的な地位をめぐる競争について学びます。

次に、そうした競争のなかで、人材の価値を高める方法について考えます。

Lesson 9-1

つい他人と比べてしまう？

地位商品と対比効果

みなさんだったら、次のAとB、どちらの状況で満足度が大きいでしょうか？

A：あなたの年収は800万円で、職場の同期たちの年収は1200万円です。

B：あなたの年収は600万円で、職場の同期たちの年収は400万円です。

これは経済学者のフランク（Robert H. Frank）があげた例を、少しアレンジしたものです[162]。伝統的な経済学では、絶対的な条件のよいAの方が「効用」（主観的な満足度）は大きいと考えます。しかし多くの人は、Aの状況では憤懣やる方なく、Bの状況では優越感を抱くのではないでしょうか。

他人との比較が効用に大きく影響する商品を、フランクは「地位商品」（positional goods）と呼びました。**1-7**で「見せびらかし消費」の話をしましたが、ステータスを誇示する高級車やブランド品は、地位商品にあたるでしょう。

参照点と対比効果

多くの人は、どうしても他人との比較が気になり、相対的な地位にこだわります。人間は、「**参照点**」（reference point、基準になる比較対象）との比較に影響されやすいのです。

現代の人々は、「今日の体温は36.4℃だ」「体重が63kgになった」「100m走のタイムが14秒だった」など、絶対的な数値を測ることに慣れています。しかし、そういうことができるようになったのは、人類の長い歴史からいえば、ごく最近のことです。

手近に体温計がないとき、片方の手のひらを自分のおでこ、もう一方を他人のおでこに当てて、比較で体温を測ることがあります。体重やタイムについても、人間の心が適応してきた狩猟・採集時代には「他人より太っている」「他人よりも足が速い」など、比較で判断するしかなかったはずです。

図22　大きさの対比効果、明るさの対比効果

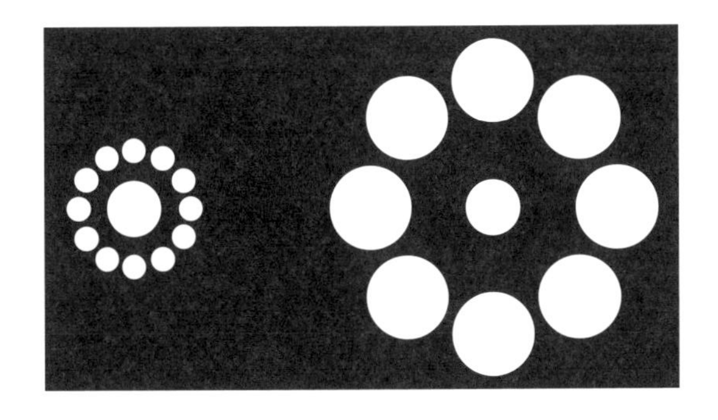

参照：イリュージョンフォーラム、http://www.kecl.ntt.co.jp/IllusionForum/index.html

また、生存や繁殖をめぐる競争では、天敵やライバルとの相対的な能力差が重要だったはずです。地位へのこだわりは、社会的な「順位」（**1-9**）を上げようとする動物的な本能に根ざすのかもしれません。

相対的な比較に惑わされる錯覚は、「**対比効果**」（contrast effect）と呼ばれます。**図22**に、わかりやすい例を示しました。

中心にある円の大きさや明るさは、左右どちらも同じです。しかし、周囲の参照点との比較によって、大きさや明るさが違って感じられます。

小さなもの（大きなもの）と比較すると相対的に大きく（小さく）感じられ、明るいもの（暗いもの）と比較すると相対的に暗く（明るく）感じられます。

162 Frank, Robert H., Falling Behind: How Rising Inequality Harms the Middle Class, Univ of California Pr, 2013, pp.1-5

Lesson
9-2 トランプ大統領の交渉術？

ドア・イン・ザ・フェイス

対比効果による錯覚は視覚に限らず、心理全般にみられます。

交渉のテクニックに「**ドア・イン・ザ・フェイス**」(door in the face) というものがあります。「最初にわざと極端な要求をして、相手が驚いて断ると、譲歩するふりをして、本当の要求をする」というものです。名前の由来は、最初の要求のときに「顔の前でドアをバタンと閉められる」ところから来ているようです。

このテクニックには２つの効果があります。

ひとつは「最初の極端な要求との対比効果で、本当の要求が小さく感じられる」ことです。最初の無理な要求が基準（参照点）となって、譲歩した案が比較的まっとうに感じられるのです。

「ドア・イン・ザ・フェイス」のもうひとつの効果は「自分が譲歩する（ふりをする）ことで、相手もお返しに譲歩したくなる」ことです。この効果は「**返報性**」(reciprocation) と呼ばれます。「何かしてもらうと、お返しをしたくなる」という心理です[163]。

ちなみに「**フット・イン・ザ・ドア**」(foot in the door) という交渉テクニックもあります。これは「最初に小さな要求をして、それが受け入れられたら、要求を徐々にエスカレートさせる」というものです。ドアに足をはさんで、少しずつこじ開けていくイメージです。こちらはコミットメント (commitment) と一貫性 (consistency) という心理を利用します。最初の小さな要求を受け入れてしまうと、次のもう少し大きな要求を断りにくくなるのです。

地位をめぐる軍拡競争

ともかく、人間は相対的な比較に惑わされる傾向があります。そのことが人々にも社会にも不幸をもたらすと、フランクは考えます。

相対的な地位をめぐる意地の張り合いは、比喩的に「軍拡競争」と呼ばれます。ライバルが10万円の時計を買ったら自分も10万円、ライバルが100万円なら自分も100万円、と続けていくと、相対的な優劣は変わらないまま、お互いに出費がかさむばかりです。

絶大な人気を誇るスポーツ選手や芸能人に憧れる人は多いでしょう。しかし、そうした地位にたどり着ける確率は、一生遊んで暮らせる金額を宝くじで当てるより低いかもしれません。

どんなことでも、平均以上の人は2人に1人しかいません。上位10%なら10人に1人、上位1%なら100人に1人です。1000人に1人、10000人に1人といった地位を目指せば、それを実現できる確率は1/1000、1/10000です。

高い地位を得た人が幸せとも限りません。払った犠牲が大きすぎて、トータルでは不幸になるかもしれません（**11-7**）。

フランクは、他人との比較にはあまり影響されず、それ自体に絶対的な価値があるものを「非地位商品」(nonpositional good) と呼びます。家族や友人と楽しく過ごしたり、趣味に没頭するための消費は、これにあたるでしょう。

フランクは、多くの人が地位をめぐる競争に心を奪われ、そこにお金やエネルギーをつかい過ぎるといいます。そのために十分な非地位商品を得られず、不幸になるというのです。

本当に大切なものは何か、ときには自分の心とじっくり向き合うのもよいかもしれません。

行動経済学者のアリエリー（Dan Ariely）はTEDというイベントで、「バーを飲み歩くとき、誰を連れて行きたいと思いますか？ あなたよりイケてない人ですよね？……誰かから一緒に行こうと誘われたら、その人があなたをどう思っているかわかりますよね？」というジョークで笑いをとっていました[164]。一緒にいる友人との対比効果で、自分をよく見せようというわけです。

---

163 ロバート・B・チャルディーニ著、社会行動研究会訳『影響力の武器』(誠信書房、2014年)、「ドア・イン・ザ・フェイス」と「返報性」については第2章、「フット・イン・ザ・ドア」については第3章。

164 TED「ダン・アリエリー：我々は本当に自分で決めているのか？」、https://www.ted.com/talks/dan_ariely_are_we_in_control_of_our_own_decisions?language=ja

Lesson

9-3 DXで人間はむしろ忙しくなった？

赤の女王、ボトルネック

相対的な地位を争う際限のない競争は、比喩的に「**軍拡競争**」(arms race) や「**赤の女王**」(Red Queen) と呼ばれます。

たとえばIT（情報技術）によって、私たちの仕事や生活は効率化されました。そのことを疑う人はいないでしょう。以前と同じレベルの仕事を、ずっと短時間でできるようになったはずです。

しかし、それで生活が楽になったかといえば、かえって忙しくなったと感じている人も多いのではないでしょうか。それはなぜでしょうか。

それはおそらく、競争があるからでしょう。絶対的には楽になっているはずなのですが、ライバルとの相対的な地位は変わらないということです。

自分だけがITを手に入れて、ライバルは持たないのなら、優位に立って楽に戦えるでしょう。しかし、どんなに世の中が便利になっても、同じ条件で競争をするかぎり、ライバルとの相対的な戦いは楽になりません。いつまでもずっと、目一杯の努力を続けなければならないのです。競争とはそういうものです。

ボトルネック

仕事が渋滞し、全体の処理スピードが遅れる原因になる場所を（ビンの細くなっている部分にたとえて）「**ボトルネック**」(bottleneck、ビンの首）といいます。単に「ネック」とも呼ばれます。

機械がよく故障したり、移動に時間がかかった時代には、機械の修理を待ったり、出張先まで旅をするあいだは、実質的に自由時間、休憩時間に近いものだったでしょう。人間以外のところにボトルネックが多く、待ち時間がたくさんあったわけです。

ところが、機械が故障しなくなり、処理スピードが速くなり、移動時間が短くなり、勤務時間外まで仕事のメールやLINEが追いかけてくるようになると、人間の方がボトルネックになります。人間の前に仕事が行列をつくるようになって、人間は休む暇がなくなります。

人間以外の部分が効率化されるというのは、実はそういうことなのでしょう。

「赤の女王」について、生物学者のデイビスらは次のように書いています。

Van Valenは、このような類いの終わることのない軍拡競争を「赤の女王（Red Queen）」進化と名付けた（1973）。それは、Lewis Carrollの本『鏡の国のアリス』から「赤の女王」を引用したものである。この物語の中で、赤の女王はアリスの腕を捉えて、速くもっと速くと一緒に走っている。アリスが驚いたことに、2人は動いた気配はなく、同じ場所に留まっているように見える。そこでアリスが「私の国では、長いこと速く走ると、普通はどこかよそに辿り着きます」と言うと、女王が答えて、「なんて鈍い国だ！ ここでは、同じ場所に留まるだけで、必死に走らなきゃならないんだよ！」[165]

165 N・B・Davies、J・R・Krebs、S・A・West 著、野間口眞太郎・山岸哲・巌佐庸訳『デイビス・クレブス・ウェスト行動生態学 原著第4版』（共立出版、2015年）、pp.93-94

Lesson

9-4 食事にありつけるのは利己心のおかげ？

分業・専門化と交換

競争社会のなかで自分の価値を高め、豊かに生きるにはどうすればよいのでしょうか。

私たち一人ひとりの人間は、社会の貴重な「**人材**」(human resource) でもあります。特技や持ち味を最大限に活かすことは、私たち自身のためにも、社会のためにもなります。

経済社会の基本に「**分業**」(division of labor)・「**専門化**」(specialization) と「**交換**」(exchange) があります。

アダム・スミスは『国富論』で、「私たちが夕食にありつけるのは、肉屋やビール屋やパン屋の親切心のおかげではなく、彼らの利害関心のおかげである」と書きました[166]。

私たちがおいしいパンを食べられるのは、パン屋さんが安くておいしいパンを売ってくれるからです。

高くてまずいパンを売れば、お客が減ってお店を続けられないでしょう。おいしいパンを効率よくつくり、お客に喜ばれるパン屋さんは、繁盛して儲かるでしょう。お客のために一生懸命がんばるのは、パン屋さんの利益にもなります。

もちろん、パンづくりが好きだったり、お客の喜ぶ顔が見たくてパンをつくる職人もたくさんいるでしょう。しかし、自分の利益をまったく考えないパン屋さんもあまりいないでしょう。

社会的な「分業」のなかで、パン屋さんは安くおいしいパンをつくることに「専門化」し、それを売ったお金で、自分の生活に必要なものを買います（パンと他のものを「交換」します）。そうすることで社会に貢献するとともに、自分も豊かな生活を送ります。

資本主義では、利益を求める健全な向上心は、社会を豊かにする原動力です。自分のための努力が「見えざる手」(**1-1**) に導かれるように、結果として社会の利益になるのです。ただし、自分の利益のために他人を犠牲にする行動（外部費用、**2-4**）は抑制しなければなりません。

交換の利益

さて、商品の価値は、人によって違います。

たとえば漁師が弓をもっていて、狩人が釣り竿をもっているとします。そこで弓と釣り竿を交換すれば、お互いに不要なものを手ばなし、役立つものを手に入れて、利益を得るでしょう。それは社会全体にとっても、希少な資源の有効活用になります。

交換が自発的に行われるのは、お互いに渡すものよりも受け取るものの価値が大きいと思っているときです。交換によって、お互いの「効用」（商品から得られる主観的な満足）は大きくなります。交換が行われれば行われるほど、人々も社会も豊かになるのです。

現代の先進国では分業が行われ、人々は自分の好きなこと、得意なことに専門化して働きます。強みをもつ仕事に特化して、必要なものを交換しあえば、誰もが才能を活かして、豊かな生活を送れます。それは社会全体の利益にもなるのです。

分業・専門化や交換のある世界では、何でもほどほどにできる人より、ひとつだけでも極端な才能をもつ人の方が、世の中に貢献できます。自分が苦手なことは、それを得意とする他の人にやってもらえばよいのです。

欠点の改善に重きを置く教育は、何でもほどほどにできる平凡な人材を育てがちでしょう。短所はあまり気にせず、特異な才能を伸ばす方が、本人にとっても社会にとっても本当は有益なのかもしれません。

166　引用部分は、Kindle版の原著（第1編、第2章）から私が翻訳しました。翻訳書も紹介しておきます。アダム・スミス著、水田洋監訳、杉山忠平訳『国富論』（岩波文庫、2000年）

Lesson 9-5

誰でも必ず役に立つ？

絶対優位と比較優位

「自分は何をやってもダメだ」という人もいるかもしれません。しかし、仮にあらゆる能力が平均以下だとしても、実は立派に社会に貢献できます。

経済学で**「比較優位」**（comparative advantage）という考え方があります。もともとは国際貿易の利点を説明するものですが、ここではわかりやすく経営の話に置きかえてお話ししましょう。

1-6で、1人でラーメン店を経営するという話がありました。年間の売上は1000万円です。この話の続きを考えてみましょう。

スープの仕込みや調理、配膳や片付け、お店の掃除や経理まで、店主が1人ですべてをこなす現状では、1日に6時間ほどお店を開けるのが限界です。そこで店主は、アルバイトを雇って、もう少し営業時間を増やせないかと考えます。

これまで1人で切り盛りしてきた店主は、お店のあらゆる仕事を熟知して、効率よくこなすことができます。不慣れなアルバイトを雇っても、すべてにおいて店主よりも手際が悪いでしょう。かえって足手まといになるのではないかと、一抹の不安がありました。

ともかく一度やってみようと、アルバイトを年間2000時間ほど雇いました。時給は1000円で、人件費は年間200万円になります。

最も重要なスープの仕込みなどを店主が担当して、他をアルバイトにまかせることにしました。店主が働く時間は以前と同じでしたが、お店を1日に10時間ほど開けられるようになりました。味やサービスの改善に力を入れる余裕もできました。

お店の評判もよくなって、売上は5割（500万円）増えました。アルバイトの人件費200万円に加えて、増えた材料費や光熱費などで、さらに200万円の費用がかかりました。それでも利益は100万円増えて、店主の暮らしは楽になりました。

機会費用と比較優位

収入の増えた店主も、十分な給料をもらえたアルバイトも、おいしいラーメンを気持ちよく食べたお客も、みんな得をしました。その価値は、どこから生まれたのでしょうか。

あらゆる仕事を、店主はアルバイトよりも上手にこなすことができます。すべてを店主1人でやる方が効率的で、アルバイトを雇うと生産性が下がるような気もします。

しかし、アルバイトにもできる仕事を店主がやると、店主にしかできない（大きな価値を生む）仕事の時間が削られて、そのぶんの機会費用（**2-2**）が発生します。費用対効果（**1-11**）でお話ししたように、より重要なことがあるときは、あまり重要でないことに時間をつかってはいけないのです。

すべての仕事で店主に「絶対優位」（absolute advantage）があるとしても、店主が圧倒的に優れている仕事と、アルバイトでもそこそこできる仕事があります。店主が大きな強みをもつ仕事に集中し、アルバイトでも比較的うまくできる仕事はまかせることによって、トータルの生産性は向上します。これが「比較優位」にもとづいて分業するということです。

もうひとつ例をあげましょう。

社長にはたいてい秘書がつきます。秘書は、社長が重要な仕事に専念できるように、社長でなくてもできる雑務を引き受けます。社長はその気になれば、スケジュール管理のような仕事も、秘書より上手にこなせるかもしれません。

それでも、社長にしかできない重要な判断や交渉に比べれば、スケジュール管理は秘書に比較優位があります。そうした仕事は秘書にまかせて、社長は大きな価値を生む仕事に集中する方が、全体として生産性が高くなるのです。

絶対優位で劣るとしても、比較優位で貢献できることは誰にでも必ずあります。メンバーの比較優位や補完性を考えて、誰にどんな仕事を割り振るか決めるのは、リーダーの重要な役割でしょう。

Lesson 9-6 秋元康さんが最も重要と考えるヒットの条件

人材の差別化と希少価値

人材の価値を高める戦略も、基本的には商品の競争戦略と同じでしょう。いくらでも代わりのあるコモディティ（**3-5**）では、人材もあまり高く評価されません。独自の価値や魅力をもつように差別化することが大切でしょう。

AKB48を立ち上げるなど、ヒットメーカーとして知られる秋元康さんは、「ヒットの一番大事な条件は何か」と聞かれて、「『One of them』になっては手にとるきっかけにならないので、それ以外のもの、色が違うとか形が違うものをつくる」と答えています。

たとえば、学校の歌の一般公募があるとします。そうすると校歌ということから「清く正しく」「希望の光」など、それらしいキーワードを連ねた応募が多数を占めるでしょう。そういう多数派と同じことはせず、あえて逆を行くというのです[167]。

これは、人材の価値を高める戦略にも応用できる考え方でしょう。

経営戦略の代表的な理論のひとつ**「資源ベース理論」**（**5-9**）では、持続的な競争優位につながる資源は、①価値がある、②希少である、③模倣や代替が難しい、というものだとされます。

人材でいえば、「余人をもって代えがたい」才能を見つける（磨く）ということでしょう。

ゲーム理論（**2-1**）で**「付加価値」**（added value）という考え方があります[168]。これは「あなたが世の中に付け加えている価値」「あなたがいなくなると、周りの人はどれくらい困るか」ということです。付加価値の高い人、必要不可欠な人は、いなくなると困るので大切にされます。つまり交渉力が強く、高い収入を期待できるということになります。

希少で付加価値の高い人材になるには、どうすればよいのでしょうか。

起業家の堀江貴文さんは、「ある分野で100万人に１人の人材になるのはほぼ不可能だが、100人に１人の人材くらいなら、がんばればなれる。３つの分野で1/100になれれば、(1/100)×(1/100)×(1/100)で、100万人に1人の人材になれる」という意味のことを言っています[169]。

ひとつのことだけで世界のトップクラスになるのは、宝くじに当たるような低い確率への挑戦です。自分の才能のレパートリーのなかで、相乗効果で大きな価値を生む組み合わせを見つけることが大切なのでしょう。

私は葉加瀬太郎さんというヴァイオリニストが好きです。

葉加瀬さんは国内コンクールで入賞し、東京藝術大学で学んだ一流のヴァイオリニストです。しかし葉加瀬さんの魅力は、おそらく演奏技術だけではないのでしょう。

「美しいヴァイオリンの音色」とともに、「魅力的なメロディー」「個性的なルックス」「動きやパフォーマンス」「トークの面白さ」といった才能の組み合わせが、葉加瀬さんにしかない独自の存在感を生んでいるのではないでしょうか。補完性のある複数の能力を組み合わせて、相乗効果を生んでいるということです。

ヴァイオリンのテクニックだけでいえば、葉加瀬さんに匹敵する人も相当いるのでしょう。しかし、知名度や収入に反映される人材価値という意味では、葉加瀬さんをしのぐヴァイオリニストはほとんどいないのではないでしょうか。

167 ＮＨＫ「仕事学のすすめ」制作班編『秋元康の仕事学』(NHK出版、2011年)

168 B・J・ネイルバフ ＆ A・M・ブランデンバーガー著、嶋津祐一・東田啓作訳『コーペティション経営』(日本経済新聞出版、1997年)、p.70

169 落合陽一・堀江貴文『10年後の仕事図鑑 新たに始まる世界で、君はどう生きるか』(SBクリエイティブ、2018年)、Chap.3、「代替不可能な価値は、仕事ではなく趣味で生み出せ」

● column 9 ●

AIとの競争で生き残る人材は？

機械との競争

2011年に『機械との競争』という本が出て、話題になりました[170]。今後の人材は、機械やコンピュータとの競争にさらされるのかもしれません。

オズボーン（Michael A. Osborne）らは2017年の論文[171]で「10～20年以内に労働人口の47％が機械に置き換えられるリスクがある」と書いて、大きな反響を呼びました。

機械との競争で生き残るのは、どんな人材でしょうか。

野村総合研究所は、AIやロボットに置き換えることが難しい人材について、3つの特徴を見出しました[172]。

それは、①「新しいものを作る」「創造性が豊か」、②「説得して人を引っ張る」「コミュニケーション力に長ける」、③「マニュアルにないことに対応できる」「非定型な仕事ができる」というものです。

これはまさに、「ヒエラルキーが得意とする仕事は機械やコンピュータに置きかえられ、ネットワーク型の仕事が人間に残される」と言っているわけで、とても興味深いものです。

この章での話をまとめると、これからの時代に人材の価値を高めるポイントは、①価値があり、希少で、模倣や代替が難しい能力をもつ、②補完性のある複数の能力を組み合わせる、③AIやロボットに置き代えることの難しい「創造性」「コミュニケーション」「非定形」にかかわる能力を鍛える、ということになるのでしょう。

170　ここでは翻訳版を紹介しておきます。エリック・ブリニョルフソン、アンドリュー・マカフィー著、村井章子訳『機械との競争』（日経BP、2013年）

171　Frey, Carl Benedikt and Michael A. Osborne, "The future of employment: How susceptible are jobs to computerisation?," Technological Forecasting and Social Change, 114, 2017, pp.254-280.

172　NRI JOURNAL「AI時代に求められる豊かな個性と人材のダイバーシティ」2017年5月15日、https://www.nri.com/jp/journal/2017/0503；厚生労働省「第3回労働政策審議会労働政策基本部会」2017年12月5日、https://www.mhlw.go.jp/file/05-Shingikai-12602000-Seisakutoukatsukan-Sanjikanshitsu_Roudouseisakutantou/0000186905.pdf

第10章

豊かな人生を切り拓く「お金」と「時間」と「知識」のマネジメント

何かやりたいことがあるとき、必要になるのは「お金」と「時間」と「知識」でしょう。

第10章では、投資による「お金」のマネジメント、仕事を効率的に進める「時間」のマネジメント、必要な能力を身につける「知識」のマネジメントについて考えます。

Lesson
10-1 ギャンブルでお金を稼げる？

還元率、期待リターン

何かやりたいことがあるときに必要なのは、「お金」と「時間」と「知識」でしょう。何をするにもお金や時間がかかり、うまくやるには知識が必要です。

まず、お金の話から始めましょう。**「投資」**（investment）と「ギャンブル」（gamble、賭けごと）はどう違うのでしょうか。

趣味や気晴らしでほどほどに楽しむのは自由ですが、お金を儲けようとしてギャンブルをするのは合理的でしょうか。

長期的に利益を得るには、収支の「期待値」（**2-7**）がプラスでなければなりません。しかし、ギャンブルの期待値はふつうマイナスです。

ギャンブルには運営費用がかかります。たとえば1日の売上（お客のつかうお金）が1000万円のパチンコ店があるとします。家賃や人件費、水道光熱費、設備の「減価償却」（**1-6**）といった費用や、お店の利益として合計200万円を確保して、残りの800万円をお客に還元するとします。

そうすると平均では、お客には払ったお金の80％（800万円/1000万円）しか戻ってこない計算になります。よほどの技術をもつ人は別かもしれませんが、ほとんどの人が長期で負けるのは間違いないでしょう。

ギャンブルでお金が戻ってくる割合のことを「還元率」といいます。ある本[173]によれば、「パチンコ、パチスロ」の還元率が60～90％、「競馬、競輪」が74.8％、「日本の宝くじ」は45.7％だそうです。

期待リターンがプラスのところに投資する

投資は簡単にいえば、「将来の利益のために、お金や時間や努力をかけること」です。いろいろなことを学んだり、経験することで自分の価値を高めるのも「自分への投資」といえるでしょう。

お金を増やしたいのであれば、プラスのリターンが見込めるところに投資しなければなりません。少なくとも先進国のこれまでの歴史からいうと、株式な

図23　過去30年間のNYダウと日経平均の推移

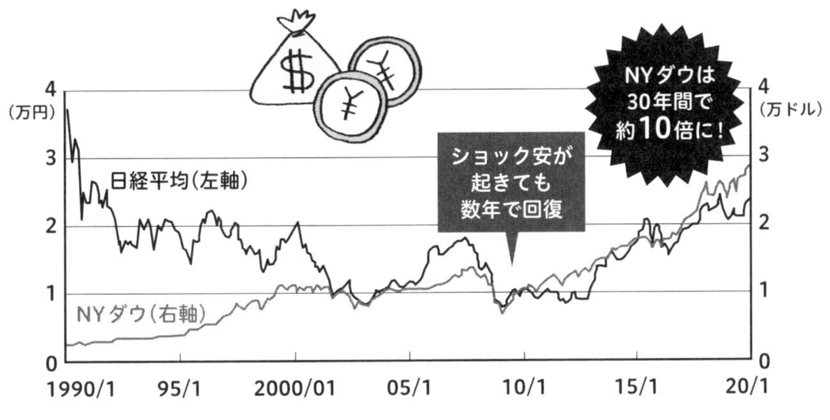

参照：日本経済新聞、2020年4月3日

どへの投資は期待値がプラスです。うまくいかずに倒産する会社もありますが、全体の平均でみれば、企業は収益を伸ばし、成長しています。その成果が、配当や株価の上昇という形で株主に還元されます。

最近の経済記事で、過去30年間の「NYダウ」と「日経平均」の平均リターンが紹介されていました（**図23**）[174]。「NYダウ」や「日経平均」は、株式市場の平均的な状況を表すように、多くの会社の株価から計算された「株価指数」です。この記事によると、過去30年間のNYダウの年平均リターンは9.2％、日経平均は1.0％です。

リターン（利回り）というのは投資額に対する利益額の割合で、銀行預金でいえば利率にあたるものです。NYダウの利回りが9.2％というのは、100万円を投資すると、1年後には109.2万円になるということです。

173　桜井進著『面白くて眠れなくなる数学BEST』（PHP研究所、2014年）

174　日本経済新聞「上昇力、配当、成長力…米国株の3つの魅力」2020年4月3日、https://www.nikkei.com/article/DGXMZO57073690R20C20A3000000/

Lesson

10-2 最も効率のよい投資方法は？

投資とリターン

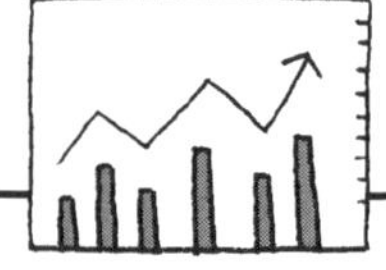

図24は、アメリカの約200年間の実質資産価値の推移を示すグラフです。「実質」というのは「インフレの影響を除いた」という意味です。

縦軸が対数目盛になっていることに注意してください。株式の資産価値の増加率は非常に大きいので、普通の目盛で描くと図から大幅に飛び出してしまいます。株式価値のグラフは比例的・直線的に見えますが、実際には指数的・加速度的な伸びになります。

長期で見ると、株式が安定的に最も高いリターンをもたらすことがわかります。株式への投資では、1ドルが200年後には約76万ドル（約76万倍）に増える計算です。これは実質の年率リターン（複利）でいうと6.8％、インフレを考慮しない「名目」でいうと8.3％にあたります。戦後の60年間だと、実質で6.9％、名目では11.2％になります。

図24　過去200年間の実質資産価値の推移（米国）

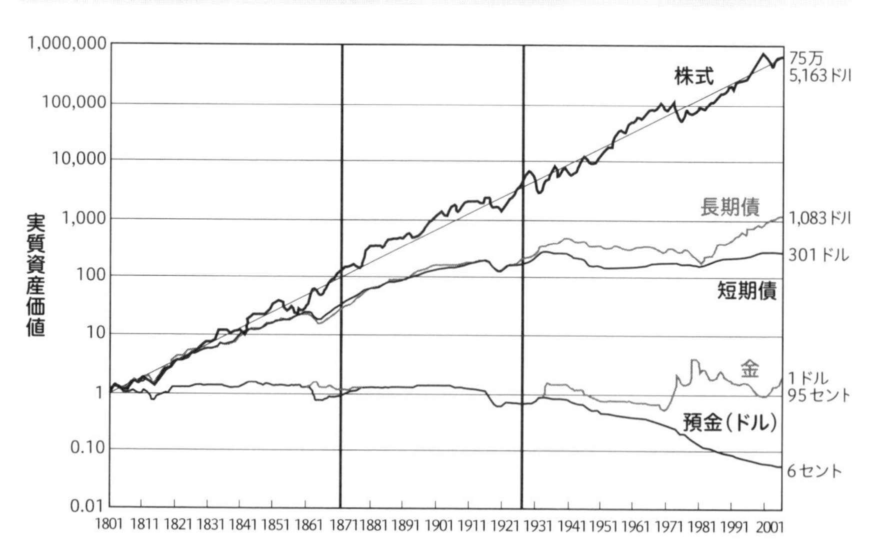

参照：ジェレミー・シーゲル著、林康史・藤野隆太監訳、石川由美子・鍋井里依・宮川修子訳『株式投資 第4版』（日経BP、2009年）、p.10

図25　投資とリターン

年数	利回りなし	利回り5%	利回り10%
1年	100万円	100万円	100万円
2年	200万円	205万円	210万円
3年	300万円	315万円	331万円
5年	500万円	553万円	611万円
10年	1,000万円	1,258万円	1,594万円
15年	1,500万円	2,158万円	3,177万円
20年	2,000万円	3,307万円	5,727万円
25年	2,500万円	4,773万円	9,835万円
30年	3,000万円	6,644万円	16,449万円
35年	3,500万円	9,032万円	27,102万円
40年	4,000万円	12,080万円	44,259万円

長期債への投資は200年間で約1000倍、短期債だと約300倍になりますが、いずれも株式のリターンに比べると大幅に見劣りします。金（きん）への投資は、リターンの期待値がほぼ0です。預金の価値はインフレに負けて、当初の６％（１ドルから６セント）にまで減っています。

さて、みなさんが20代前半から60代前半までの40年間、毎年100万円ずつ貯めながら、前年までに貯まったお金を投資運用していくとしましょう。

図25に、３通りのパターンを示しました。①「利回りなし」（単純に貯める）、②「利回り５％」、③「利回り10％」です。

「利回りなし」では40年後、4000万円が貯まることになります（100万円×40年）。現在の日本のような低い金利が続けば、銀行預金はこれに近いことになるでしょう。

詳細な計算は省きますが、「利回り５％」では、40年後の資産は１億2000万円を超えます。単純に貯めた場合の３倍以上になります。５％の利回りでこれほど資産が増えるのは意外に思われるかもしれません。**8-8**で曽呂利新左衛門の話をしましたが、複利計算の加速度的な増加は人間の想像力を超えます。

「利回り10％」だと、40年後には４億4000万円を超えます。単純に貯めた場合の11倍以上です。

Lesson 10-3

投資の所得は、労働の所得を超える？

『21世紀の資本』、投資とリスク

2013年に経済学者のピケティ（Thomas Piketty）が『21世紀の資本』[175]を出版し、翌年には日本でも翻訳が出て、大きな話題になりました。

分厚く難解な本ですが、とくに話題になったのは「巨額の資産を投資する富裕層と、働いて収入を得る人々との経済格差は、ますます開いていく」という主張です。

ピケティは、そうした状況を問題だと考えています。しかし彼の議論は「もし資産を増やしたいのなら、投資をすべきだ」ということを浮き彫りにするものでもあります。そのことは**図25**にも表れています。

もちろん、株式投資には元本割れのリスクがあります。しかし、預金にもまた別のリスクがあります。

石油ショックの影響で「狂乱物価」と呼ばれた1974年の消費者物価は、約23％上昇しました。仮にこの上昇率が3、4年続くと、物価は2倍になります。物価が2倍になるということは、長年苦労して貯めた貯金の価値が半分になるということです。利息がほとんどつかない現状では、わずかなインフレでも、預金の実質的な価値は目減りしていくことになります。

インフレに強い資産は、モノです。たとえばお金を土地に替えてある人は、インフレになれば土地の値段も上がるので、資産が目減りするということは起きにくいでしょう。ただし土地のようなモノには、いつでも好きなときに換金できる「**流動性**」（liquidity）はありません。金(きん)もモノですし、株式もインフレに強いといわれますが、これらには価格変動のリスクがあります。

日本のインフレ（日本円の価値の下落）に備えて、資産の一部をドルなどの外貨で持つというリスク分散もあります。しかし、そうすると今度は為替相場の変動といったリスクが発生します。

どんな資産運用にも一長一短があるので、バランスよく分散投資する必要があるでしょう。そうしたことを考えるのは、経済に興味をもつきっかけになると思います。

「賢人」の投資法

お金というのは、あくまでも何かをするための手段です。手段が目的化して、お金を稼ぐことが目的になっては本末転倒でしょう。大切なことに時間をつかうには、投資に時間をとられないことも重要です。そういう意味では、時間も手数料もとられる短期売買、デイ・トレードは得策ではないかもしれません。

『ウォール街のランダム・ウォーカー』[176]では、次のように書かれています。

頻繁に売買を繰り返す投資家のパフォーマンスは例外なく、じっくりバイ・アンド・ホールドを続ける投資家よりも劣っている。(p.317)

また、「賢人」と呼ばれる著名な投資家のバフェット（Warren E. Buffett）さんは2013年の「株主への手紙」で、「資金の90％を、S&P 500に連動する低コストのインデックス・ファンドへ投資する」ことを推奨しています[177]。

安易に投資をするのは危険です。科学的根拠がないように思える投資理論も世の中にあふれています。もし投資をするのでしたら、しっかりと勉強して、自己責任でお願いします。1冊だけ読むとしたら、経済学者のマルキール（Burton G. Malkiel）が書いた『ウォール街のランダム・ウォーカー』をおすすめします。

175 トマ・ピケティ著、山形浩生・守岡桜・森本正史訳『21世紀の資本』（みすず書房、2014年）

176 バートン・マルキール著、井手正介訳『ウォール街のランダム・ウォーカー 株式投資の不滅の真理 原著第11版』（日本経済新聞出版、2016年）

177 BERKSHIRE HATHAWAY INC.「SHAREHOLDER LETTERS」2013、p.20、https://www.berkshirehathaway.com/letters/2013ltr.pdf

Lesson

10-4 歯磨きしながら何をする？

巧遅は拙速に如かず、平準化、同時並行

さて、限られた時間を効率よくつかう「時間のマネジメント」について考えましょう。

経済学者の野口悠紀雄先生は、有名な『「超」整理法』シリーズで「拙速を旨とする」ということを書いています[178]。仕事を「拙(つたな)く、速く」やる方がよい場合もあるというのです。

要求される水準を少し超えるくらいのレベルで仕事を仕上げていけば、ほぼ完璧というレベルまで仕上げるのと比べて、かなり多くの仕事量をこなせます。

もちろん、高い完成度が求められる仕事なら、その基準をクリアすべきでしょう。しかし必要以上の品質を追求して、余計に時間をかけるのは非生産的です。「過ぎたるは及ばざるがごとし」です。

「巧遅は拙速に如かず」という言葉もあります。完成度が高くて遅いよりは、完成度が低くても速い方がよいということです。

これは「文章軌範」という、昔の中国の「科挙」（官吏登用試験）の模範文例集で、いわば受験テクニックとして書かれたようです。完成度にこだわるよりも、限られた受験時間内に最大の成果をあげるべきだということでしょう。

たいていの仕事には納期や〆切があります。どんなに完成度が高くても、期限に間に合わなければ意味がないということもあるでしょう。

平準化と同時並行

1日24時間は、誰にとっても平等です。この限られた時間をいかに有効につかうか、疲れずに長く活動できるか、というところにも工夫の余地があるでしょう。

脳も筋肉も、同じところをつかい続けると、疲れて機能が低下します。順番にいろいろな部位をつかえば、負担の平準化をはかることができます。

筋力トレーニングでも、腕、脚、体幹といったいろいろな部位のトレーニングをローテーションして、疲労した筋肉の回復を待つ間に別の筋肉を鍛えるのが効率的だといわれます。

「脳や目が疲れたら、体をつかう作業をする」「食事や歯磨き、お風呂といった日常ルーティーンを、休憩や気分転換として活用する」など、活動のローテーションを工夫すれば、無理なく多くの仕事をこなせるでしょう。

いくつかの作業を同時並行して、時間を効率的につかうこともできます。

たとえば、歯を磨くときは利き手と口がふさがりますが、片手と目や脳は空いていますから、同時にパソコンでメールやニュースをチェックすることはできます。

食事中は手と口がふさがりますが、目や耳や脳は空いていますから、同時に映像ニュースのチェックなどはできます。サンドイッチのように片手で食べられるものだと、さらにいろいろな作業を同時並行でできます。

お風呂やトイレで本などを読むこともできます。スマートフォンや電子書籍リーダーには、防水機能のついたものもあります。

お金で時間を買ったり、他人に仕事をしてもらうことで、自分の時間を増やすこともできるでしょう。

2008年まで中東で特殊部隊を率いたマクリスタル（Stanley McChrystal）元アメリカ陸軍大将は、次のように書いています。

明日まで時間をかけて手順を踏んで90パーセントを解決するより、今日のうちに70パーセントを解決することをよしとするほうがうまくいくというのが我々の結論だ（もとより軍では100パーセントを解決する時間など決してないのだが）。[179]

178　野口悠紀雄著『続「超」整理法・時間編 タイム・マネジメントの新技法』（中央公論新社、1995年）

179　スタンリー・マクリスタル著 with タントゥム・コリンズ、デビッド・シルバーマン、クリス・ファッセル、吉川南・尼丁千津子・高取芳彦訳『TEAM OF TEAMS 複雑化する世界で戦うための新原則』（日経BP、2016年）、p.365

Lesson

10-5

脳の外に記憶する？

外部記憶とスケジュール管理

やろうと思っていた用事をうっかり忘れてしまった経験は誰にでもあるでしょう。

これは「記憶」(memory) できないというよりは、記憶をタイムリーに思い出せない、「想起」(evoke) できないという問題でしょう。人間の想起能力は貧弱なので、これを補完するシステムをつくって解決しなければなりません。

多くの人がつかうのは「外部記憶」(external memory)、つまり「脳の外に記憶する」ということです。メモをとったり、予定表に書き込むといったことです。近年は予定にアラームを設定して、想起を補助することもできます。

今ではスマートフォンのメモ帳アプリが便利になりました。私は「Google Keep」をつかっていますが、他にも「Evernote」など多くのメモ・アプリがあります。

そうしたアプリでは、メモを書いた瞬間にクラウド（インターネット上）で保存されるので、いろいろな端末から同じメモを見ることができます。スマートフォンで書きためたメモを、あとからパソコンで整理・編集するといったこともできます。古いメモをキーワード検索で探すこともできます。音声や写真もメモにできます。

スケジュール管理

スケジュール管理にもいろいろなアプリがありますが、私は「Googleカレンダー」をつかっています。私の場合は、予定が入った時点でカレンダーに日時・場所などを書き込みます。これもクラウドで保存されるので、いろいろな端末から見たり編集できます。

カレンダーに入れた予定は、3日前にメールで通知が届くようにしてあります。3日前のアラームで間に合わないときは、仕事の開始日も予定として書き込みます。

その日のスケジュールは、早朝に自動メールで届きます。ときどき自分でもカレンダーを確認しますが、３日前のアラームと当日の早朝メールもあるので、うっかり予定を忘れることはまずありません。

メールは未読のものだけを表示するようにしています。終わった仕事の通知は、既読にして表示されないようにします。メールを読んですぐに片づけられない仕事は、「未読」に戻して先送りします。メールを開くたびに、未完了の仕事の通知メールが目に入ります。

〆切の迫った仕事は、優先してすませます。余裕があれば、〆切の近い順に、先の予定もすませていきます。

紙のスケジュール帳と違って、カレンダー・アプリには数年後の予定も書き込めます。毎年の記念日や、決まった曜日のゴミ出しなど、定期的な予定も書き込めます。家族や友人、同僚と予定表を共有することもできます。

私の場合は、仕事もプライベートも、ひとつのカレンダーでまとめて管理しています。

状況に応じて、自分に合うやり方を研究していただければと思います。

私はスマートフォンでメモやメッセージを書くときに、よく音声入力をつかいます。最近は音声認識の精度が上がり、早口でもかなり正確に入力できるようになりました。長い文章をスマートフォンの音声入力で書くという人も増えてきました[180]。

180 野口悠紀雄著『「超」AI整理法 無限にためて瞬時に引き出す』(KADOKAWA、2019年)のなかで、この方法が紹介されています。

Lesson
10-6 どれを先にやる？
仕事の優先順位（1）

仕事をたくさん抱えると、何から手をつけてよいかわからなくなることもあるでしょう。仕事の優先順位はどうやって決めればよいのでしょうか。

優先すべき仕事について、いくつかの基本的なルールがあります。それは、①〆切が近い仕事、②短時間で終わる仕事、③費用対効果の大きな仕事、④先に終えなければならない仕事、⑤所要時間が不確実な仕事、⑥早く終える方が楽な仕事（遅れると大変になる仕事）、⑦重要な仕事、⑧クリティカル・パスの仕事、といったものです。①～④については、『アルゴリズム思考術』[181]という本のなかで詳しく説明されています。

①の「〆切が近い仕事」（earliest due date）を先にやるのは当然ともいえ、多くの人が日常的にこのやり方をしているでしょう。この方法は「〆切に遅れる可能性」を最も小さくします。「すべての仕事を期限内に終えたい」というときは、この方法がよいでしょう。

ただし、多くの仕事を抱えて余裕がなくなると、この方式の欠点も見えてきます。単純に〆切の順にやるのでは、1つの仕事が大幅に遅れると、玉突きでその後の仕事も次々に遅れてしまいます。

もし「〆切に遅れる仕事の数」（number of late tasks）を最小化したいのなら、〆切までにすべての仕事を終えられないとわかった時点で、最も時間のかかる仕事を1つあきらめて、あと回しにします。もちろん、あと回しにした仕事は大幅に遅れることになります。その仕事を犠牲にして、他の〆切を守るということです。

②の「短時間で終わる仕事」（shortest processing time）を先にやると、「発注者を待たせる時間の合計」（sum of completion times）を最小にできます。

たとえばA課長から1分で終わるコピー取り、B課長から100分かかる資料づくりを頼まれたとします。

コピー取りを先にやれば、A課長にコピーを渡すまでが1分、B課長に頼まれてから資料を渡すまでが101分となり、課長たちを待たせる時間の合計は102分です。

資料づくりを先にやると、資料を渡すまでに100分、コピーを渡すまでに101分となり、合計で201分も待たせることになります。それぞれの仕事の重要度にもよりますが、たいていは前者の方がよいでしょう。

このやり方は「たまっている仕事の総数」(number of outstanding tasks) も早く減らすので、「仕事がたくさん残っている」という心理的な負担も減らしてくれます。

③の「費用対効果の大きな仕事」を優先するのは、この本でも繰り返し強調してきた基本ルールです。もし正解がひとつだけあるとすれば、このルールになるでしょう。ただし、費用や効果を客観的には測れないことも多く、人それぞれのセンスや価値観で判断しなければなりません。

フリーランスで働く人は、仕事を受けるときに報酬（効果）を所要時間（費用）で割って、時給（費用対効果）の高い仕事から順に引き受けるかもしれません。このやり方で、一定の時間から得られる報酬を最大化できます。

もちろん実際の「効果」は報酬額だけでなく、「実績になる」「今後につながる」「面白そう」など、他の要素や個人的な好みも加味して総合的に判断されるでしょう。「費用」についても所要時間だけでなく、「ストレス」といった要因も考慮されるでしょう。

④の「先に終えなければならない仕事」は、「順序制約」(precedence constraints) にかかわる問題です。

順序制約というのは、たとえば「お風呂に入るには、先にお湯を沸かさなければならない」「洗濯物を干すには、先に洗濯をしなければならない」といった、仕事の順序についての制約条件です。優先度の高い仕事の前にすませる必要のある仕事は、さらに優先度が高くなるということです。

181 ブライアン・クリスチャン＆トム・グリフィス著、田沢恭子訳『アルゴリズム思考術 問題解決の最強ツール』(早川書房、2017年)、5「スケジューリング」

Lesson 10-7

食事をしてから移動？移動してから食事？

仕事の優先順位（2）

⑤の「所要時間が不確実な仕事」は、たとえば「相手から返信が来ないと仕事を進められないが、返信がいつ来るかわからない」といったことです。返信が遅くなる場合に備えて、問い合わせのメールは、できるだけ早く送っておかなければなりません。

もうひとつ例をあげましょう。

13：00に東京の客先で、重要なプレゼンテーションがあるとします。今は11：00で、横浜にいます。現在地から客先までは1時間かかるとします。打ち合わせの前に昼食（プレゼンの最終チェックも含めて1時間）はすませておきたいところです。

みなさんだったら、先に横浜で食事をすませて、12：00から東京へ向かうでしょうか。それとも、先に東京へ向かい、12：00に現地へ着いてから食事をするでしょうか。

食事をすませてから東京へ向かったのでは、電車が少しでも遅れたら、大切な顧客を怒らせることになります。先に東京へ向かっておけば、たとえ電車が1時間遅れても、昼食を抜けばプレゼンには間に合います。所要時間の不確実な仕事は、先にすませておくべきなのです。

⑥の「早く終える方が楽な仕事（遅れると大変になる仕事）」は、たとえばケンカをしてしまった同僚との仲直りのようなことです。関係を早く修復しておかないと、ずっと心に引っかかって、何度も思い返して気に病むようなことになるかもしれません。心配事で集中力が落ちて、仕事の成果が下がるかもしれません。早くすませると他の仕事によい影響のあることは、先にやってしまうのがよいでしょう。

あるいは、お中元をくれた相手にお礼を言うとします。親しい間柄なら、今の時代はメールやLINEでも許されるでしょう。食べ物をもらったのなら、「さきほど届きました。これから楽しみに食べさせていただきます。ありがとうございました」というような文章をすぐに送っておけば、ひとまずお礼は完了します。

しかし、これを放っておくと、時間が経つほど気まずくなって、連絡しにくくなります。お礼が遅くなったお詫びや、食べた感想も書かなければならなくなって、時間も余計にかかります。相手も気分を害するかもしれません。先のばしにしていいことは何もないでしょう。

私はときどき知り合いから、本や論文を送っていただくことがあります。これもすぐに「ありがとうございます。これから楽しみに読ませていただきます」といった返信を打ちます。相手は少なくとも届いたという確認はできます。すぐに返信をして悪くは思われないでしょう。

これも、時間が経つと返信しにくくなります。しばらく経ってからだと、読んだ感想なども書き添えなければなりませんから、ますます筆が重くなります。

昔から「仕事は忙しい人に頼め」といわれます。たしかに忙しい人の方が、なぜかメールの返信も仕事も早いように感じます。

忙しい人は、そもそも仕事ができるので、多くの人から頼られて仕事が集まっているのかもしれません。「量は質を生む」と言いますが、多くの仕事をこなして経験量が多いので、速く的確な判断ができるのかもしれません。

それとともに「対処が速いので仕事が楽に終わる」「速く処理することの重要性をよく理解している」ということもあるのではないでしょうか。

8-12で紹介した「明日までかければ70パーセントしか解決できなかった問題を、今日やることで90パーセント解決できた」という元アメリカ陸軍大将の言葉も、このことを言っているのでしょう。

Lesson

10-8 クリティカル・パスって、なに？

仕事の優先順位（3）

⑦の「重要な仕事」を優先するというのは、当然のようにも思えます。問題は、「ライフワーク」（一生かけて取り組む仕事）という言葉があるように、重要な仕事は時間がかかることも多いということです。重要な仕事の合間に、日常のルーティーンや、〆切のある雑事をこなしていかなければなりません。

大切なのは、まとまった質のよい時間を、重要な仕事にあてることでしょう。ルーティーンや雑務は、隙間の時間や、疲れて集中力が落ちたときにやります。コンディションのよい時間、集中できる時間、中断しない時間を、重要な仕事に割りあてるのです。

⑧の「クリティカル・パスの仕事」を優先すべきというのは、次のような例を考えればよいでしょう。

夕食当番で、料理をつくるとします。メニューは、カレーライスとサラダです。

必要な作業は、「米を研いで炊飯器にセットする」（4分）、「ごはんを炊く」（早炊き機能で15分）、「カレーの具材を切る」（7分）、「カレーの具を煮込む」（20分）、「カレーのルーを溶かす」（3分）、サラダをつくる（5分）です。

みなさんなら、どんな順番で作業するでしょうか。

これらの作業を、書いてある順番に直列（sequential、serial）でやると、54分かかります（4分＋15分＋7分＋20分＋3分＋5分）。しかし、同時並行（concurrent、parallel）でやれば、もっと時間を短縮できることにお気づきでしょう。

ポイントになるのは、最も時間のかかる作業に優先してとりかかり、その待ち時間に他の作業を進めるということです。

この場合、最も時間がかかるのは「カレーの具を煮込む」です。これを優先すべきなのですが、ここで順序の制約があります。具を煮込むには、その前に「カレーの具材を切る」をしなければなりません。そのため、この場合は①

「カレーの具材を切る」（7分）、②「カレーの具を煮込む」（20分）という順番で作業することになります。

カレーの具を煮込む20分のあいだに、③「米を研いで炊飯器にセットする」（4分）、④「ごはんを炊く」（15分）を完了できます。⑤「サラダをつくる」（5分）は、ごはんを炊いているあいだにできるでしょう。

そうすると結局、カレーをつくる30分（7分+20分+3分）のあいだに、他のすべての作業を完了することができます。

この場合のカレーをつくる工程のように、その作業が遅れると全体の完了時間も遅れてしまうような作業を「**クリティカル・パス**」（critical path、決定的な経路）といいます。ごはんを炊く工程やサラダの工程は、多少なら遅れても全体の完了時間には影響がありません。クリティカル・パスだけは遅らせないように、仕事を進めることが重要になります。

こうしたスケジューリングの技術は「**PERT**」（Program Evaluation and Review Technique）と呼ばれます。詳細な説明は省きますが、参考資料に解説記事を紹介しておきます[182]。

仕事の優先順位について8つのルールをあげましたが、ルールどうしで矛盾や競合があることにお気づきだと思います。結局のところ、どのルールを優先するかはケース・バイ・ケース、人それぞれの価値観やセンスということになります。

それでも、こうしたルールがあることを知った上で、優先順位を考える習慣をつければ、経験とともに判断の精度が上がっていくのではないでしょうか。

182 FUJIFILM「PERT（パート）図を使って遅れてはいけないポイントを洗い出す。」、https://sp-jp.fujifilm.com/future-clip/visualization/vol4.html

Lesson
10-9 「ドラえもん」に描かれる世界のしくみ

知識のパワー

さて、みなさんが十分なお金と時間を確保して、自分のやりたいことも見つかったとしましょう。他には何が必要でしょうか。

やりたいことがあれば、モチベーションは自然と湧くでしょう。あとは、それを実現するための知識や能力でしょう。

みなさんはこの本で、経営学を学んでいます。それはおそらく、経営学の知識が何かの役に立つと思うからでしょう（私もそう願っています）。

未来学者のトフラー（Alvin Toffler）は、「**パワー**」（power、力）の種類として、知識（knowledge）、富（wealth）、暴力（violence）の3つをあげ、とくに知識のパワーが重要だと考えました[183]。

知識はあらゆるパワーの基盤になる

アップルやグーグルといった企業は、現代の最先端テクノロジーの一翼を担っています。シリコン・バレーは、世界の知識が集中する場所です。その結果として、シリコン・バレーは世界の富が集中する場所でもあります。知識は富を生みます。

そして技術力や経済力は、軍事力を生みます。歴史学者のケネディ（Paul M. Kennedy）は『大国の興亡』で、政治的・軍事的な強さを生み出すのは、技術力、生産性、経済力といった要因だと考えました。

ケネディは次のように書いています。

世界情勢を背景とした大国の相対的な力は不変のものではない。その第1の理由としてあげられるのは、経済成長の速度および他の社会に抜きんでる要因となる技術や組織の発展が、社会によってまちまちだということである……いったん生産性が向上した国にとっては、平時に軍備を拡張してもそれほど負担にはならないだろうし、戦時には大規模な軍隊と艦隊をそろえて送りだすことも容易だろう……富を築くことをさしおいて、国の財源を軍事計画にばかりあてていい

れば、国力は長期的にみて衰えることになるだろう……生産性および収益を高める能力と軍事力とのあいだには、長い目でみると非常に重要な相関関係があるのだ。[184]

かつての中国や日本でも「富国強兵」と言われましたが、「強兵」のために「富国」が必要であることは古くから知られていました。

「米中新冷戦」と呼ばれる新たな覇権争いでも、焦点のひとつはAIのような先端技術をめぐる競争でしょう。技術や知識で優位に立つものが、結局は富も、政治力も軍事力も手にするということを、両者はわかっているのでしょう。

知識はすべてのパワーの基盤になるのです。

私は「ドラえもん」を見るたびに、トフラーの話を思い出します。

何のパワーも持たない「のび太」が、暴力のパワーをもつ「ジャイアン」や、富のパワーをもつ「スネ夫」にやられて悔しい思いをします。しかし最後には、ドラえもんの「ひみつ道具」に助けられます。未来の知識のパワーが勝つわけです。

ジャイアンが軍事力、スネ夫が経済力、ドラえもんが技術力の象徴だとすると、しずかちゃんは真善美の「ソフト・パワー」(soft power、文化や価値観の魅力から生まれるパワー)でしょうか。

183 A・トフラー著、徳山二郎訳『パワーシフト』(中央公論社、1993年)

184 ポール・ケネディ著、鈴木主税訳『大国の興亡 1500年から2000年までの経済の変遷と軍事闘争』(草思社、1993年)、p.2

Lesson 10-10

学校の勉強は役に立つ？

何をどう学ぶか

インターネットの時代になって、情報や知識を誰でも簡単に得られるようになりました。学ぶべきことや勉強の仕方も、昔とはだいぶ変わってきたように思います。これからの時代は、雑多な知識を「暗記」するというよりも、応用範囲の広い普遍的な考え方を学ぶことが重要になると思います。

学校でいえば、数学、物理学、化学、生物学、コンピュータのような理系科目は応用範囲が広く、論理的・科学的な考え方を学ぶことができるので、今後も重要であり続けるでしょう。

「暗記」するタイプの知識はインターネットでいつでも検索できますから、それを活用するための理解力や思考力が大切になるでしょう。「知識」というより「知恵」というべきかもしれません。

英語もかなり応用範囲が広く、多くの人にとって、仕事や人生に役立つでしょう。私は海外20カ国ほどを訪れましたが、外国人がよく訪れるような場所で、英語がまったく通じなかったということはありません。複数の外国語を中途半端に学ぶより、英語1つをしっかり学ぶ方が、多くの人にとって費用対効果は大きいかもしれません。

文章の読解力や理解力はあらゆる学習の基本になりますから、国語の現代文は今後も重要でしょう。

教育でも「費用対効果」という考え方は大切でしょう。あまり効果のないところに多くの費用（時間や労力）を費やすのは、日本の競争力を損ねることになります。応用範囲が狭かったり、インターネットで調べられるような知識は、これからは必要な人が必要に応じて学べばよいのではないでしょうか。

映像から学べる時代

学問の世界では、これまで文献資料が重視されてきましたが、現代では映像資料が豊富になり、さまざまなことを効率的に学べるようになってきました。

「百聞は一見にしかず」といいます。文字で読むよりも映像で見る方が、一定の時間内に入ってくる情報量がはるかに多く、効率的に学習できることも多いでしょう。

たとえば「リーダーの身振りや話し方」「機械や道具のつかい方」などは、文章だとなかなか伝わりませんが、映像で見れば一目瞭然です。

近年はYouTubeのような動画サイトや、Googleの動画検索などで、あらゆる映像資料を簡単に探せるようになりました。テレビ番組から情報を得ることもできます。リーダーやビジネスを紹介する番組もたくさんあります。

以前は見たい番組を録画しておかなければなりませんでしたが、近年は民放なら「TVer」[185]、NHKなら「NHKプラス」[186]といったウェブサイトで、放送後しばらくは無料で配信される番組も多くなりました。移動中にスマートフォンでビジネス番組をチェックすることも簡単にできるようになりました。

「TED」[187]というウェブサイトでは、世界の著名人が自分の専門分野について、20分程度で解説する動画を数多く公開しています。さまざまな分野の第一人者による、わかりやすい説明を見ることができます。

私は時間を節約するために、動画をよく２倍速で見ます。再生アプリやブラウザのプラグインなどで、たいていの動画は再生速度を変えることができます。

読書は、今ではアマゾン「Kindle」のような、スマートフォンやパソコンで読める電子書籍が便利でしょう。紙の本を何冊も持ち歩くと重くて大変ですが、電子書籍ならスマートフォンに何百冊も入ります。本の置き場に困るということもありません。

どこまで読み進んだかはクラウド（インターネット上）で記録されるので、他の端末から続きを読むこともできます。本を汚さずにマーカーを引くこともできますし、多くの人がマーカーを引いた箇所を表示して参考にすることもできます。本の中身をキーワード検索して、目的の箇所を探すこともできます。

185 https://tver.jp/
186 https://plus.nhk.jp/
187 https://www.ted.com/

Lesson 10-11 なぜ、ヨーロッパの駅には改札がない？

世界を見て、日本を考えよう

幅広い視野をひらくために、若いみなさんにおすすめしたいのは、海外を旅することです（残念ながら執筆時点では「新型コロナ」の影響で、海外旅行は難しくなっています）。

「日本の常識は世界の非常識」といわれることがあります。日本式と外国式のどちらが正しいとは一概にいえませんが、いろいろな発想や考え方を知って、視野を広げるのは有益でしょう。

たとえば、日本の鉄道には改札があります。全員をしっかりチェックして、切符を持たずに列車に乗る人が1人も出ないようにと考えます。しかしヨーロッパの多くの国では、鉄道に改札はありません。その気になれば、切符を持たずに列車に乗ることもできます。

その代わり、ときどき乗り込んでくる検査官が切符をチェックして、不正があれば高額の罰金をとります[188]。不正が見つかる確率と、罰金の金額が適切なら、無賃乗車を一定の割合に抑えることができます。改札機を設置するよりも費用対効果が大きいということもありえます。

イギリスやフランスをレンタカーで走ったことがありますが、ヨーロッパでは都市部を除くと信号はあまりなく、地方では「ラウンドアバウト」（roundabout、ロータリー）と呼ばれる円形の交差点がほとんどでした。日本人は信号できっちり制御する方が安心かもしれませんが、交通量の少ない道では、ラウンドアバウトの方が待ち時間が少なく効率的でしょう。

他にも、海外で日本の常識が通用しないことはいろいろとありました。

ロンドンで予約したホテルへ着くと、まだ午後でしたが入り口の鍵が閉まっていました。呆然としていると、通りがかりの人が「ホテルへ電話してみたら？」と教えてくれました。イギリス人は親切で、何か困っていると、すぐに誰かが声をかけてくれました。日本では思いもよらないことですが、鍵は隣のお店に預けられていました。

フランスのニースでレンタカーを借りるとき、安全な日本の感覚で「鍵は車の中？」と聞いたら、「Impossible！」（ありえない）と一蹴されたこともありました。

オーストリアのハルシュタットへ向かう途中、工事のために列車が止まっていたことがありました。目的地へたどり着くための情報やアドバイスがないかと思って、泊まる予定の宿へメールを送ってみました。

その返信は、「私たちはあなたの旅行について、何のアドバイスも時刻表も提供できません。鉄道会社へお尋ねください」という素っ気ないものでした。

日本人の感覚からすると、もう少し親身に対応してくれてもいいように思いましたが、正論には違いありません。たまたまかもしれませんが、オーストリアでは、官僚的で融通のきかない対応をよく経験しました。

そうしたことは単に「サービスが悪い」と片づけられるものでもなく、文化や考え方の違いなのでしょう。慣れれば当たり前になって、とくに不快には感じなくなりました。

日本のサービスは、丁寧で親切なことが多いと思います。しかし、そのために価格が高くなったり、従業員に低賃金の長時間労働を強いたり、ということもあるのでしょう。

ここで紹介したのはほんの一例ですが、海外を旅すると、日本では当たり前だと思っていたことについて、考えさせられることがたびたびあります。

最初はパック・ツアーでもよいと思いますが、できれば宿や飛行機の予約から、現地の交通機関まで、すべてを自分で考えて旅をするといいでしょう。そうすれば、計画と実行、不測の事態への対処といった能力も自然と鍛えられるでしょう。

ただし、現地の情報をよく調べて、安全には十分お気をつけください。

188 東洋経済ONLINE「鉄道キセル対策、日本と欧州はこんなに違う 私服検査官が一斉検挙、罰金は運賃の数十倍」2017年6月30日、https://toyokeizai.net/articles/-/178167

column 10

なぜ、スティーブ・ジョブズは同じ服ばかり着ていた？

決断疲れ

私は忙しかった時期に、朝起きてからする一連のルーティーン（routine、決まった手順）をリスト化していたことがあります。トイレ、水分補給、歯磨き、髭そり、シャワー、メールチェックなど、やることを、やる順番に書き出していました。

「それくらい書かなくても」と言われそうですが、やり忘れがなくなりますし、ひたすら書いてある順にこなすだけですから、考える時間やエネルギーの節約にはなります。

授業で「創造性」の話をしたとき、ある学生から「スティーブ・ジョブズは創造的な人なのに、どうしていつも同じ服を着ているんですか？」と聞かれたことがあります。ジョブズ（Steve Jobs）はアップルの創業者で、いつも黒のタートルネック、ジーンズ、スニーカーだったことで知られます。

これについては、「決断疲れ」（decision fatigue）についての次の記事が参考になるかもしれません。

成功者の多くが、毎日同じ服を着ている。マーク・ザッカーバーグや、バラク・オバマ前大統領、スティーブ・ジョブズ、仕事では皆、「マイ制服」を着ている。

ニューヨーク・タイムズによると、スタンダードな「マイ制服」は日常生活を簡素化し、ストレスの原因ともなる選択を1つ減らすことができる。

専門家いわく、何を着るか、何を食べるか、といった小さな決断を1日中繰り返していると、もっと重要な決断をするのに必要な精神的エネルギーを浪費してしまう。この現象を「決断疲れ」という。[189]

より重要な仕事、創造的な仕事に時間とエネルギーを注ぐために、日常のルーティーンを定型化して、余計な思考を省いているのでしょう。

189 BUSINESS INSIDER「ジョブズ、ザッカーバーグ……成功者がいつも同じ服を着ているのはなぜ？」2017年6月13日、https://www.businessinsider.jp/post-34279

第 11 章

少子高齢化に向き合い、生産性を高める「働き方改革」

日本の働き方の問題のひとつは、長時間労働です。

長時間労働は少子化につながり、少子高齢化は国の財政の悪化をまねきます。そこで、近年は「働き方改革」の必要性が叫ばれています。

第11章では、働き方改革の背景や現状、課題について学びます。

最後に、今後の働き方、生き方のヒントを考えて、この本を終えます。

Lesson 11-1 なぜ、「働き方改革」が必要なのか？

日本の財政

近年、「働き方改革」という言葉をよく耳にします。

厚生労働省のウェブサイトによれば、「少子高齢化に伴う生産年齢人口の減少」や「働く方々のニーズの多様化」を背景に、「個々の事情に応じた多様で柔軟な働き方を自分で『選択』できるようにするための改革」をいいます[190]。

まず、働き方改革の背景にある日本の問題について考えましょう。

図26は、日本の歳入（税収）と歳出の推移です。上の折れ線が歳出、下の折れ線が税収です。

1990年ごろまでは、歳出が税収を超えてはいましたが、国の借金は一定の割合に抑えられ、財政規律はそれなりに保たれていました。しかしバブルの崩壊後は、伸び悩む税収に対して、歳出は増加を続けました。そして足りないお金の多くを、赤字国債でまかないました。

図26　日本の歳入と歳出の推移

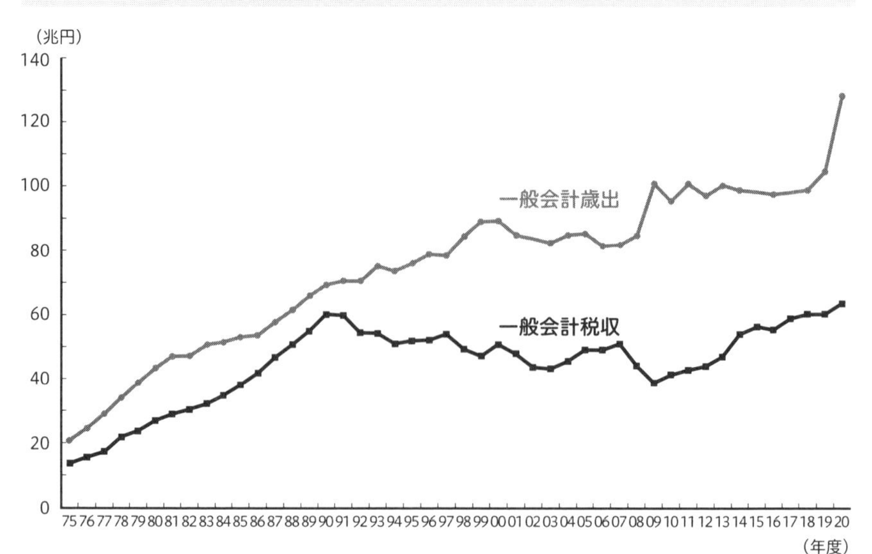

参照：財務省「財政に関する資料」、https://www.mof.go.jp/tax_policy/summary/condition/a02.htm

著名な投資家のジム・ロジャーズ氏は、2020年に出た本のなかで次のように言っています。

1968年に世界第2位の経済大国となった日本は、50年以上の長きにわたって繁栄してきた。第2次世界大戦、いやその前から大変な問題を何度も乗り越えてきた。しかし、現在、直面している重大な問題に対して、目を背けすぎだ。日本の借金は日々膨れ上がっている一方で、人口は減り続けている。出生数も大きく減少していて、数年先はともかく20～30年後には大変な状況になる。……日本の将来を考えたとき、ものすごい勢いで子供を増やすか、移民を受け入れるか、とんでもないスピードで借金を減らすかしない限り、日本が長期の停滞から脱する見通しは絶望的と言うしかない。若者が減って、高齢者が増える。社会保障のサービス水準が変わらないとすると、数少ない若者に重税を課さない限り借金は増え続ける。誰にでもできる未来予測だ。[191]

190 厚生労働省「働き方改革 特設サイト」、https://www.mhlw.go.jp/hatarakikata/

191 東洋経済ONLINE「ジム・ロジャーズ「日本は20年後、必ず没落する」」2020年5月25日、https://toyokeizai.net/articles/-/352326

Lesson

11-2 なぜ、日本の財政は悪化したのか？

少子高齢化

日本の財政問題の背景には、少子高齢化があります。

これは出生率の低下による「少子化」と、平均寿命の伸びによる「高齢化」という2つの問題に分けられます。

少子化は、歳入の減少につながります。若年人口が減るということは、生産年齢人口（働いて税金を収める世代）が減るということです。働く世代が減ることは、日本のGDPや税収の減少につながります。

日本の経済規模を維持するには、「（とくに女性や高齢者の）働く割合（労働参加率）を高める」「移民を受け入れる」などで労働人口を増やすか、機械やコンピュータの活用も含めて「1人あたりの生産性を高める」必要があります。

高齢化は、歳出の増加につながります。国の社会保障費や医療費は、これらを受給する高齢者の増加とともに増えます。歳出の大きな割合を占めるのは、そうした支出です。

このように少子高齢化によって、国の財政が悪化しているのです。

少子化の背景には、長時間労働のような日本の働き方の問題があります。

そもそも残業を前提とする仕事量になっている

日本では1960年代からずっと、夫が働き、妻が専業主婦、子どもが2人というのを「標準世帯」としてきました。高度成長の時代には専業主婦世帯が多く、働く男性は「いくらでも残業するのが当たり前」という感覚があったようです。

労働問題を専門とする小倉一哉先生によれば、残業をする理由として約6割の人があげるのは、「そもそも所定労働時間内では片付かない仕事量だから」です（pp.92-93）。小倉先生は「現在求められている成果に伴う業務量は、長時間労働を前提として決められているといっても過言ではない」と言います（pp.279-280）[192]。

図27　専業主婦世帯数と共働き世帯数の推移

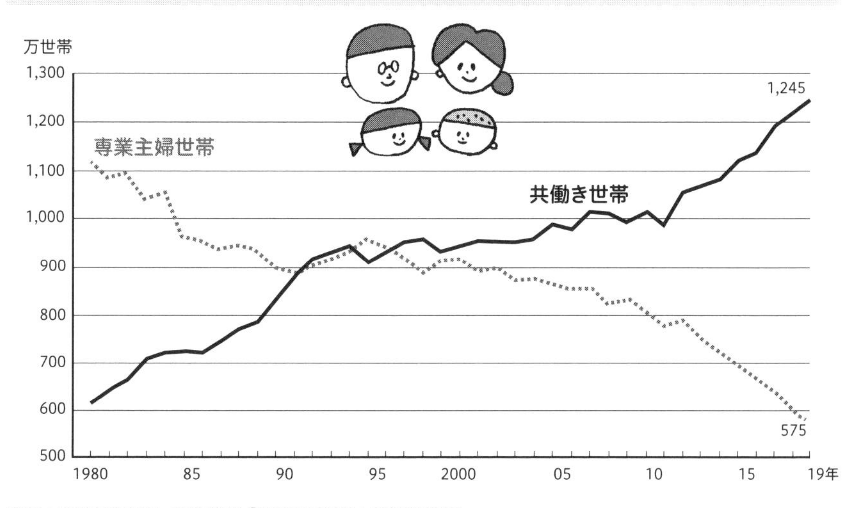

参照：労働政策研究・研修機構「専業主婦世帯と共働き世帯」、
https://www.jil.go.jp/kokunai/statistics/timeseries/html/g0212.html

しかし**図27**のように、1990年代には専業主婦世帯よりも共働き世帯の方が多くなり、その後も共働き世帯は増え続けています。もしどちらかを標準世帯とするなら、現在では共働き世帯を中心に考えるべきでしょう。

昨今は、共働き世帯が多くなったばかりでなく、女性の活躍が求められ、少子化が問題となっています。女性にばかり「働いて、出産して、家事や育児もしてください」と求めるのは、とうてい無理な話でしょう。

男女とも必ず17：00に退社できれば、一方が保育園へ子どもを迎えに行き、もう一方が夕食の準備をするなど、共働きで子育てをしながら、なんとか普通の生活ができます。それは主要先進国の一般社員にとっては当たり前の話です。政府の進める「働き方改革」は、そうした方向を目指すものでしょう。

「それでは仕事が回らない」「不可能だ」という職種もあるでしょう。「好きで働いている」という人もいるでしょう。そこは待遇面とセットで、さまざまな働き方のコースやオプションがあればよいでしょう。

192　小倉一哉『過働社会ニッポン 長時間労働大国の実態に迫る』（日本経済新聞出版、2011年）

Lesson
11-3 日本の働き方は変わったのか？

日本の長時間労働

日本の問題は、「原則が残業ありきで、定時で帰れなければ困る人に対しても、当然のように（そして突然）残業を要求する」ということでしょう。少なくとも「定時退社を希望する人は、誰でも気兼ねなく定時に帰ることができる」「定時退社を原則とする」ような制度、文化、慣行にしていかなければならないのではないでしょうか。そうしなければ、少子化の改善や、生産性の向上はおぼつかないでしょう。

安倍首相（2016年当時）は「働き方改革」の訓示で、次のように述べました。

……長時間労働を自慢する社会を変えていく。かつての『モーレツ社員』、そういう考え方自体が否定される。そういう日本にしていきたい……人々が人生を豊かに生きていく。同時に企業の生産性も上がっていく…… [193]

日本人は1960年代から「エコノミック・アニマル」(economic animal)、「仕事中毒」(workaholic)、「働きバチ日本人」など、その異常な働き方を揶揄されてきました。

「企業戦士」「モーレツ社員」という言葉もありました。バブル絶頂期の1989年には、栄養ドリンクのCMでつかわれた「24時間戦えますか」というキャッチフレーズが流行語大賞にランクインしました。

その後「ブラック企業」という言葉が生まれ、「働き方改革」が叫ばれるなかで、労働時間は変わったのでしょうか。

図28は、労働法学者の佐藤敬二先生がまとめた「労働時間の国際比較」の一部です。総務省による統計を見ると、日本は先進国のなかでは飛び抜けて労働時間が長いことがわかります。

ここで面白いのは、日本の公式な統計にも２種類あることです。総務省のデータは、働く側に労働時間を尋ねたもので、より実態に近いものでしょう。こ

図28　年間労働時間（単位：時間）の国際比較

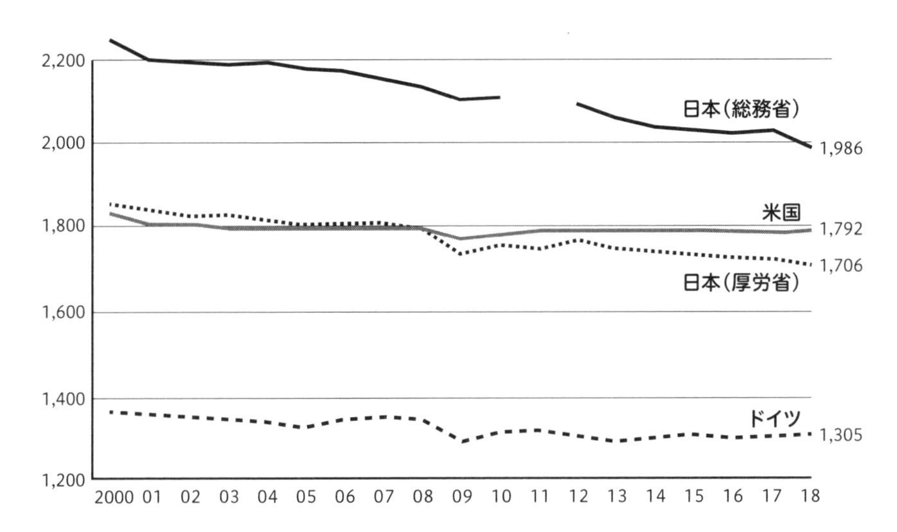

参照：以下の資料を参考に、加筆・修正。佐藤敬二「労働時間の国際比較」、
http://www.ritsumei.ac.jp/~satokei/sociallaw/workinghours.html、
元データはOECD統計（http://stats.oecd.org/）
および総務省「労働力調査」（http://www.stat.go.jp/data/roudou/）

れに対して厚労省のデータは、雇い主からの回答に基づいています。

雇い主としては違法な「サービス残業」（不払い労働）を報告するわけにもいかないでしょうから、おそらく労働時間を過小に申告するインセンティブが働いているのでしょう。

この２つの統計の差から、サービス残業がどれくらいあるのか、おおよその推測はできます。2018年の数字で単純に比較すると、サービス残業は年間280時間あることになります。通常の出勤日数から考えると、毎日１時間以上のサービス残業をしている計算になります。

193　官邸ウェブサイト「働き方改革実現推進室 看板掛け及び訓示」2016年９月２日、https://www.kantei.go.jp/jp/97_abe/actions/201609/02kunji.html

Lesson

11-4 正社員の労働時間は飛び抜けて長いまま？

日本の労働時間

図28に示されているのは、いわゆる正社員だけでなく、パートやアルバイトも含めた統計です。グラフでは日本の労働時間は減少傾向にあるように見えますが、これは「非正規雇用」が増えたことによるものでしょう。

経営学者の中原淳先生らは、次のように書いています。

90年代、バブル崩壊後……日本企業は長引く不況を背景に、低賃金で育成コストのかからない、アルバイト・パートという雇用形態を拡充していきました。そこに、不況によって夫だけの収入では家計が苦しくなってきた主婦や、新しく生まれてきたカテゴリであるフリーターといった労働者が参入します。この人たちの多くは時給制賃金で、労働時間の短いシフト制などで働いているので、1人あたりの労働時間は少なくなり、「全体平均」を押し下げていったのです。

一方で、「フルタイム」の雇用者の平均残業時間は長期的にほぼ同水準で高止まりし、ほとんど変わっていません。……日本の労働時間は80年代後期の「時短」運動を経ても変わっていないことが統計的に示されています。[194]

2020年度を例にとると、年間休日数は、公務員や完全週休２日制の企業では125日くらいです。これは土日祝日と夏季休暇、年末年始休暇を合計して、重複を除いた日数です。

１年365日からこの日数を引くと、出勤日は240日ということになります。出勤日に８時間働くとすると、年間労働時間は1920時間（240日×８時間）になります。

これは有給休暇をまったくとらない場合です。公務員や大手企業では、年間で20日前後の有給休暇があります。20日間の有給休暇を消化したとすると、出勤日は220日で、年間労働時間は1760時間（220日×８時間）、月間では約147時間というのが理論上の数字になります。

日本の正社員は実際にどれくらい働いているのか

「労働政策研究・研修機構」による2008年の実態調査をもとに、経営学者の小倉一哉先生がまとめた研究があります[195]。

これによると、一般社員では月間労働時間の平均が約204時間なのに対して、係長・主任では約207時間、課長クラスでは約214時間、部長クラスでは約216時間と、役職が上がるにつれて労働時間も増える傾向にあります。

月間労働時間を210時間として12倍すると、年間の労働時間は2520時間となります。

この数字を理論上の出勤日（220日）で割ると、１日あたりの労働時間は約11時間半になります。有給休暇をまったく消化しない場合の出勤日（240日）で割った場合は、１日あたり10時間半になります。

通勤にかかる時間は、全国平均で１時間19分というデータがあります[196]。通勤時間も含めると、日本の正社員は出勤日にはだいたい12～13時間を仕事に費やしていることになります。首都圏などの都市部になると、通勤時間はさらに長くなる傾向があります。

立命館アジア太平洋大学学長の出口治明先生は、厚生労働省のウェブサイトで次のように言います。

一番の問題点は「労働時間」です。平成の30年間、正社員で見ると労働時間は2000時間を超えていて、まったく減っていません。これだけ働いていても成長率は平均１％に届かない。……世界の先端企業は頭脳労働へとシフトし、生産性を高めているのに、我が国はいまだに工場モデルに縛られています。[197]

194　中原 淳・パーソル総合研究所著『残業学 明日からどう働くか、どう働いてもらうのか？』（光文社、2018）、第1講、「底なし残業の裏にある２つの「無限」」

195　小倉一哉「管理職の労働時間と業務量の多さ」日本労働研究雑誌、2009年11月号（No.592）、pp.73-87

196　総務省「詳細行動分類による生活時間に関する結果」p.9、2017年12月22日、https://www.stat.go.jp/data/shakai/2016/pdf/gaiyou3.pdf

197　厚生労働省「特別対談 働き方改革を進めなければ日本に未来はない」、https://www.mhlw.go.jp/hatarakikata/dialogue/index.html

Lesson 11-5 日本の生活水準はどの程度？

日本の生産性

みなさんは、日本の生活水準は高いと思いますか？

もちろん、世界全体の中では高い方でしょう。しかし、先進国の中ではどうでしょうか。そもそも、生活水準はどのように決まるのでしょうか。

さまざまな国の生活水準は、基本的には「労働生産性」で決まります。生産性は、１人が１時間で生産する商品やサービスの量です。時間あたりの生産性が高い国ほど、生活水準も高くなります[198]。

OECD（経済協力開発機構）に加盟する36カ国のなかで、日本の労働生産性は21位と、かなり低い方です[199]。同じ１時間の労働で、アメリカやドイツでは日本の約1.6倍の価値を生み出しています。統計に表れない「サービス残業」という日本特有の（違法な）慣行を考えると、実際には日本の生産性はさらに低いと思われます。

生産性が高ければ、短い労働時間で十分な収入を得て、余暇を豊かに楽しむことができます。他の主要先進国からみると、日本は長時間労働にもかかわらず賃金が低く、生活水準も相応に低いといえるでしょう。

日本の生産性はなぜ低いのか

生産性は費用対効果ですから、生産性が低いのは「効果のないところに費用をかけている」「無駄なところに時間やエネルギーを割いている」ということでしょう。生産性を高めるには、重要なところに資源を集中して、重要でない仕事は相応に手を抜かなければなりません。トリアージ（**1-11**）の例を思い出してほしいのですが、資源が限られているときには、すべてをきちんとやろうとすると、結果はかえって悪くなります。

また、ふつうに考えれば、１日の最適な労働時間というものがあるはずです。まったく働かなければ仕事が進みませんし、24時間働き続けたら数日で倒れてしまいます。その中間のどこかに、最適な労働時間があるはずです。最適な労働時間を大きく超えているために、効率が悪くなっているということは考えられるでしょう。

残業することがわかっていれば、ペース配分をしてゆっくり働くかもしれません。目一杯がんばろうとしても、身体や脳が疲れて効率が落ちるでしょう。短距離走と同じペースでマラソンを走ることはできません。労働時間が長くなれば、時間あたりの成果が低くなるのは当然ともいえます。

日本では「**雇用の流動性**」(mobility of labor) が低いことも、生産性が低い理由のひとつかもしれません。

「飼い殺し」という言葉がありますが、日本では転職をしにくいために、自分に合わない仕事を、モチベーションが下がったまま続けるのかもしれません。パーソル研究所による国際比較調査では、日本の就業者は他国と比較して「仕事の満足度も勤続意欲も低いのに、転職は考えない」という結果が出ています[200]。

雇用の流動性を高めるというと、多くの人は「クビを切られやすくなる」と拒否反応を示すようです。しかし流動性が高まれば、新しい仕事を見つけやすくなるというメリットもあります。現状では解雇が難しいために、企業は雇用を最小限に抑えようとします。

また、このあとで説明しますが、日本では分業・専門化のメリットが活かされていないということもあるでしょう。多くの先進国で仕事は分業・専門化され、従業員は自分の好きな仕事、得意な仕事に集中します。日本では分業・専門化があいまいで、誰にでも「何でも屋」のように仕事をさせます。

日本の組織ではよく、時給の高い職員が専門外の仕事に時間をとられています。彼らにしかできない仕事に専念してもらい、一般的な仕事は他の職員にまかせる方が効率的かもしれません。

198 N・グレゴリー・マンキュー著、足立英之・石川城太・小川英治・地主敏樹・中馬宏之・柳川隆訳『マンキュー経済学【第2版】II マクロ編』(東洋経済新報社、2005年)、p.18

199 日本生産性本部「労働生産性の国際比較」(2019年版)、https://www.jpc-net.jp/research/list/comparison.html

200 パーソル総合研究所「パーソル総合研究所、日本の「はたらく意識」の特徴を国際比較調査で明らかに」2019年8月27日、https://rc.persol-group.co.jp/news/201908270001.html

Lesson

11-6

日本の社員は何でも屋？

ジョブ型雇用とメンバーシップ型雇用

20年間にわたってドイツで働いたビジネスマンの隅田貫さんは、日本の感覚でドイツ人の部下に仕事を頼んでも、きっぱりと断られることが多いといいます。仕事の範囲は契約で決まっているので、自分がやるべき仕事ではないと思ったら、断るのが当たり前なのです[201]。

また、25年以上にわたってドイツで働いたジャーナリストの熊谷徹氏は、日本企業の社長から「ドイツ人の社員に仕事を頼むと、よく拒否されるのですが、なぜでしょうか?」と質問されるそうです。多くの日本人駐在員が、似たような悩みを抱えているといいます。「書類で明記されていない仕事は原則としてやる必要はないので、ドイツ人は堂々と拒否する」のです[202]。

欧米先進国の多くでは、仕事の内容は「**職務記述書**」(job discription) に明記されます。やるべき仕事は契約で決まっていて、その内容は人によって違います。基本的には、書かれている以外の仕事はしませんし、他人の仕事にも手を出さないといわれます。これは「ジョブ型雇用」と呼ばれるシステムです。

ジョブ型雇用は、「職務内容を明確に定義して人を採用し、仕事の成果で評価し、勤務地やポスト、報酬があらかじめ決まっている」とされます。

これに対して、日本で一般的な「メンバーシップ型雇用」は、「新卒一括採用、年功序列、終身雇用で、勤務地やポストは会社が人事権の裁量で決められる」というものです[203]。

欧米先進国では一般的に、「配置転換や転勤や残業はない（拒否できる）が、給料はそれほど上がらない」一般社員と、「日本の総合職のようにバリバリ働き、給料は非常に高い」エリート管理職などに分かれます。

日本でも男女雇用機会均等法の施行（1986年）のころから、欧米のエリート社員のような「総合職」や、転勤のない「一般職」といったコース別（複線型）の人事を導入する企業が増えました。しかし、当初は総合職のほとんどが男性、一般職のほとんどが女性で、実態は能力や働き方による区別ではなく「男女別人事」ではないかともいわれました。厚生労働省による直近の調査でも、総合職の約８割が男性、一般職の約８割が女性となっています[204]。

日本の総合職は、「転勤や残業をいとわず、精力的に働かなければならない」という意味では欧米のエリートに近いといえます（ただし、平均収入では劣ります[205]）。

夫婦の両方が総合職で、会社からいつでも残業や転勤を命令されるのでは、家事・育児との両立は、育児休暇などを活用しても難しいでしょう。一方だけが総合職でも、かなり大変でしょう。

出口治明先生は、厚生労働省のウェブサイトで次のように言います。

……日本の企業では旧態依然とした根拠なき精神論がまかり通っていて……いつでも転勤自由な総合職が一番上だという制度などは、社員と地域との結びつきやパートナーの人生をまったく無視した傲慢な考え方といえます。[206]

こうした現状を改善すべく「働き方改革」が進められているところです。制度というよりは、文化や常識、感覚の問題にも思えます。これまでにさまざまな改革が「骨抜き」にされてきた経緯もあり、私自身は「実態」がどう変わるかに注目しています。

201 隅田貫著『仕事の「生産性」はドイツ人に学べ 「効率」が上がる、「休日」が増える』（KADOKAWA、2017年）、p.147

202 熊谷徹著『5時に帰るドイツ人、5時から頑張る日本人 ドイツに27年住んでわかった定時に帰る仕事術』（SBクリエイティブ、2017年）、第1章、「それは私の仕事ではありません」

203 日経ビジネス「「ジョブ型雇用」導入すれば、係長にもなれない人が続出する」2021年３月19日、https://business.nikkei.com/atcl/gen/19/00271/031900002/；「平社員でも給料が上がり続けたのは「性別役割分担時代の残滓」」2021年３月23日、https://business.nikkei.com/atcl/gen/19/00271/032200004/

204 厚生労働省「平成 26 年度コース別雇用管理制度の実施・指導状況」、https://www.mhlw.go.jp/stf/houdou/0000101661.html

205 日本経済新聞「日本の管理職 年収「割安」中国・タイを下回る 人材確保に支障も」2014年２月28日、https://www.nikkei.com/article/DGKDASDD2503G_X20C14A2EA2000/

206 厚生労働省「特別対談 働き方改革を進めなければ日本に未来はない」、https://www.mhlw.go.jp/hatarakikata/dialogue/page2.html

Lesson

11-7 燃え尽きず生きるために

読者へのメッセージ①

日本の働き方についてお話ししてきました。私自身、家事・育児と仕事で忙しかった時期には「過労死するのではないか」と何度も思いました。友人や知人がうつ病で休職・退職したり、自ら命を断ったということも何度かあります。

忙しい会社で言われるままに仕事を引き受けると、勤務時間も仕事量も「無限大」ということになってしまいます。それを真面目にすべてこなそうとすれば、心身を壊さない方が不思議かもしれません。

上司としては、部下が失敗すれば自分の責任になりますから、真面目で有能な部下に仕事をまかせようとするでしょう。そうすると、仕事のできる人、素直に引き受ける人に仕事が集中して、大きな負担がかかることになります。上司自身も多くの仕事を抱えて、部下に気を配る余裕がないのかもしれません。

欧米先進国の一般社員にとって、毎日定時に退社して、有給休暇を消化するのは、ごく当たり前のことです。日本人は真面目だといわれますが、基本的な労働ルールを守ることは苦手なようです。日本人は開始時間には几帳面ですが、終了時間にはとてもだらしがないのも不思議です。

成果や生産性とは関係なく、仕事をたくさんやるのが善だと思っている人もいるようです。そこには「働くこと、がんばること自体が美化され、目的化する」ような価値観があるように感じられます。しかし時代が変わるなかで、そうした考え方では成果をあげられなくなり、日本の競争力や豊かさが失われてきたのかもしれません。だからこそ「働き方改革」が求められているのではないでしょうか。

最後に、豊かな人生を送るうえで大切だと思う私の考えを読者へ贈って、筆をおきたいと思います。

完璧でなくていい。概ね良好でいい

すべてを完璧にやるというのは、そもそも無理な話でしょう。経営というのは（人生もまた）確率のマネジメントです。必ずうまくやるというのは不可能で、成功の可能性を高くすることしかできません。

ユニクロ創設者の柳井正さんは『一勝九敗』[207]という本を出しています。柳井さんのような名経営者でも、その程度の成功率が実感だというのです。

大勢に影響のない失敗はあまり気にせず、重要なところにエネルギー注ぐべきでしょう。

家庭を犠牲にして、仕事を優先するという人が日本人には多かったと思います。日本全体として、当然そうすべきだという同調圧力のようなものもあったのだと思います。しかし、価値観は人それぞれです。「他人は他人、自分は自分」と割り切って、自分らしく生きてもよいのではないでしょうか。

コヴィー（Stephen R. Covey）は『７つの習慣』[208]で、自分にとって本当に大切なものを見つけるには「自分が亡くなったときのことを想像しなさい」と言います。「自分の葬儀で、家族や友人からどんな人だったと言われたいか」考えなさいというのです。『実践 ７つの習慣』では、次のように書かれます。

コヴィー博士は「人は虚しい勝利を手にすることがよくある」と言います。「成功のためにと思って犠牲にしたことが、実は成功よりもはるかに大事なものだったと突然思い知らされる」と。

たとえば仕事で成功を収めるために、家族や友人を犠牲にしてきた人がいたとします。そして努力の結果、高い地位と収入を得ることができました。彼は社会的には勝利者であるといえるでしょう。しかし成功を手に入れた途端、彼は愕然とします。自分の成功を一緒に喜んでくれる人が、周りに誰もいないことに気がついたからです。これがコヴィー博士が言う「虚しい勝利」です[209]。

207 柳井正著『一勝九敗』（新潮社、2006年）

208 スティーブン・R・コヴィー著、フランクリン・コヴィー・ジャパン訳『完訳 7つの習慣 人格主義の回復』（キングベアー出版、2013年）、「第2の習慣」

209 佐々木常夫著、フランクリン・コヴィー・ジャパン監修『実践 7つの習慣 何を学び、いかに生きるか』（PHP研究所、2015年）、p.80

Lesson
11-8 自分らしく生きるために
読者へのメッセージ②

好きなこと、得意なことを活かす。弱点は気にしない

9-4でお話ししたように、分業・専門化の進んだ社会では、1つのことだけでも突出して優れている人が高い価値をもちます。人と違うことは強みになります。多芸に秀でる必要はありませんし、欠点をなくす必要もありません。自分の強みを活かせる場所、活躍できる場所、受け入れてくれる場所を見つけられるとよいでしょう。

7-1でお話ししましたが、内発的なモチベーションを活かすには、好きなことをやるしかありません。人間は嫌いなことにはエネルギーを注げません。長く精力的に働くには、やりたいことをやるのが一番でしょう。

好きなこと、得意なことで、世の中に貢献する道を見つけられるとよいでしょう。「比較優位」(**9-5**)でお話ししたように、社会に貢献できる得意分野は誰にでも必ずあります。

逃げてもいい。柔軟に考える

臨機応変に、柔軟に考えましょう。日本では「逃げるのは恥だ」と考える人が多いようですが、ときには退却するのも立派な戦略です。

たとえば、進もうと思う道の真ん中に大きな岩が立ちはだかって、それを動かしたり削ったりするには何年かかるかわからないとしましょう。その道をあきらめて、別の道を行ってもいいでしょう。いろいろな道が、先へ行けばつながって、同じところへと続いているかもしれません。動かないものに固執するのではなく、動かしやすいところから変えていくのが効率的でしょう。

ケンカはしない。スルーする技術を磨く

私はあまり賢い方ではないので、若いころは思ったことをそのまま口に出し

てしまうことがよくありました。しかし結局のところ、他人とケンカをしても何の得にもなりません。

単純にやりあう時間がもったいないということもありますし、心理的な負担になって仕事の効率が下がるということもあるでしょう。その場では自分の主張を通して論破したような気になっても、別の機会に意趣返しをされるということもあるでしょう。禍根を残して、仕事にプラスになることはありません。たいていは、ケンカをするよりも賢い解決方法があるはずです。

以前、本と雑貨が混然と並ぶ「ヴィレッジヴァンガード」という書店で、『スルーする技術』[210]という本を見つけました。学術書でもなければ、大真面目な本でもありませんが、タイトルのとおり、スルーするための技術がいろいろと紹介されていて、なかなか面白いと思いました。

世の中には、いちいち相手をするのが時間の無駄ということがたくさんあります。生産性を高めるうえで「スルーする技術」は必須かもしれません。

自分の人生を他人にまかせない。自分で決めて自分で責任をとる

難しい判断に悩むとき、友人や先輩、先生や上司に相談することもあるでしょう。有益な情報やアドバイスをもらえるかもしれません。

しかし、自分の状況や価値観を一番よくわかっているのは自分自身です。信頼できる友人が親身になって考えてくれたとしても、やはり自分のことは自分で決めるしかありません。

自分で決めたことなら、失敗しても自分のせいだと納得してがんばって、なんとか乗り越えられるのではないでしょうか。

どんな時代でも、誰にとっても、人生は波乱万丈でしょう。行き詰まることもあるでしょう。それでも歩き続けるしかありません。歩き続ければ、いつかトンネルを抜けられるでしょう。明けない夜はありません。

みなさんが生きていくうえで、この本がお役に立つとうれしいです。

210 トキオ・ナレッジ著『スルーする技術』(宝島社、2013年)

おわりに

この本の執筆は、「コロナ」に始まり、「コロナ」に終わったような気がします。

2020年の4月、大学の授業が始まる直前に、「新型コロナ」による緊急事態宣言が発令されました。

リアルの授業は休止になり、オンライン授業のための入門書があるといいと思って、この本を書き始めました。

本の原型は同年9月にできあがり、当初は今と違う形で、電子版を出版しました。

その後、同文舘出版から書籍化していただけることになり、加筆・修正を経て、現在の形で世に出ることになりました。

本文の改訂を終えて、この「おわりに」を書いているのは2021年の初夏です。日本は再び「コロナ」による緊急事態宣言に揺れています。

本づくりは、まさにネットワーク型組織（8章）での仕事です。

担当編集の戸井田さんを中心に、ブックデザイナーの藤塚尚子さん、イラストレーターのmatsuさん、図版製作の比恵島由理子さん、そして著者が、「この指とまれ」のような形で集まり、オンラインで連携しながら、この本をつくりました。出版のきっかけをくださった「NPO法人企画のたまご屋さん」の小島和子さんをはじめ、本書にかかわったすべての方に、感謝しています。

最後になりますが、今の私があるのは、いろいろなことを教えてくださった恩師や先輩たちのおかげだと思います。

「はじめに」で紹介した『失敗の本質』の執筆メンバーのうち、経営学者の寺本義也先生には、北海道大学の大学院でご指導いただきました。また、経営学者の鎌田伸一先生、日本政治外交史の戸部良一先生、軍事史の村井友秀先生は、私が赴任した当時も防衛大におられ、十年以上にわたって薫陶を受けました。

防衛大では、経営学者の菊澤研宗先生からも多くを学び、加藤健先生には今もお世話になっています。

学生時代を過ごした北海道大学では、指導教官になってくださった黒田重雄先生をはじめ、眞野修先生、小島廣光先生、金井一賴先生、柴田裕通先生、平本健太先生らに、授業や論文指導でお世話になりました。

ここでお名前をあげることのできない多くの先生方にも、心から感謝しています。

私も何か少しでも、若いみなさんの仕事や人生に役立つことをお伝えできればと思って、この本を書きました。その願いが叶うことを祈りながら、筆をおきます。

最後までお読みくださって、どうもありがとうございました。

防衛大学校 公共政策学科 准教授　佐藤耕紀

著者略歴

佐藤耕紀（さとう こうき）

防衛大学校 公共政策学科 准教授
1968年生まれ、北海道旭川市出身。旭川東高校を卒業後、学部、大学院ともに北海道大学（経営学博士）。防衛大学校で20年以上にわたり教鞭をとる。経営学にあまり興味がない学生を相手に、なんとか話を聞いてもらう努力を重ね、とにかくわかりやすく伝える授業にこだわっている。就職、結婚、子育て、といった人生のイベントをひととおり終え、生活者としての経験をふまえて、仕事にも人生にも役立つ経営学を探求している。趣味はクラシック音楽と海外旅行。著書として『今さらだけど、ちゃんと知っておきたい「マーケティング」』『今さらだけど、ちゃんと知っておきたい「意思決定」』（同文舘出版）のほか、経営学・マーケティングの共著が6冊ある。

ブログ　https://management-study.hatenablog.com/

今さらだけど、ちゃんと知っておきたい「経営学」

2021年7月1日　初版発行
2024年7月5日　8刷発行

著　者 ―― 佐藤耕紀

発行者 ―― 中島豊彦

発行所 ―― 同文舘出版株式会社

東京都千代田区神田神保町1-41　〒101-0051
電話　営業03（3294）1801　編集03（3294）1802
振替 00100-8-42935
https://www.dobunkan.co.jp/

ISBN978-4-495-54089-0
印刷／製本：萩原印刷
Printed in Japan 2021